梅山太极拳

邹寿福 主编

人民体育出版社

图书在版编目（CIP）数据

梅山太极拳 / 邹寿福主编. -- 北京：人民体育出版社, 2025. -- ISBN 978-7-5009-6479-7

Ⅰ. G852.11

中国国家版本馆CIP数据核字第202478K5Q8号

*

人民体育出版社出版发行
天津中印联印务有限公司印刷
新 华 书 店 经 销

*

880×1230　32开本　15.25印张　380千字
2025年3月第1版　　2025年3月第1次印刷
印数：1—2,000册

*

ISBN 978-7-5009-6479-7
定价：58.00元

社址：北京市东城区体育馆路8号（天坛公园东门）
电话：67151482（发行部）　　　　邮编：100061
传真：67151483　　　　　　　　　邮购：67118491
网址：www.psphpress.com

（购买本社图书，如遇有缺损页可与邮购部联系）

编委会

顾　　　问：张　山　　杜利民　　罗器宇　　李铁雄
　　　　　　彭　韬　　晏西征　　李　峰　　杨韶红
　　　　　　李笃成　　陈远怀

编委会主任：邹　喆

编委会副主任：游建宇　　刘登寿　　周　文

主　　　编：邹寿福

副　主　编：罗文奇　　刘　俊　　刘彦昌　　袁铁军

编　　　委：（以姓氏笔画为序）
　　　　　　王修玲　　刘小鹏　　刘志兰　　刘建福
　　　　　　邬长平　　李新盖　　杨汉中　　吴中林
　　　　　　陈佩强　　邹　晖　　邹　虹　　张星星
　　　　　　张农益　　罗孝雄　　罗忠财　　罗海峰
　　　　　　周建军　　朋　亮　　钟国荣　　袁仕柳
　　　　　　晏华伦　　高　明　　曾佑龙　　曾坤华
　　　　　　曾特长　　曾　彪　　游绍兰　　谢久军
　　　　　　鄢茂阳　　欧阳湘锋　　谭　麟

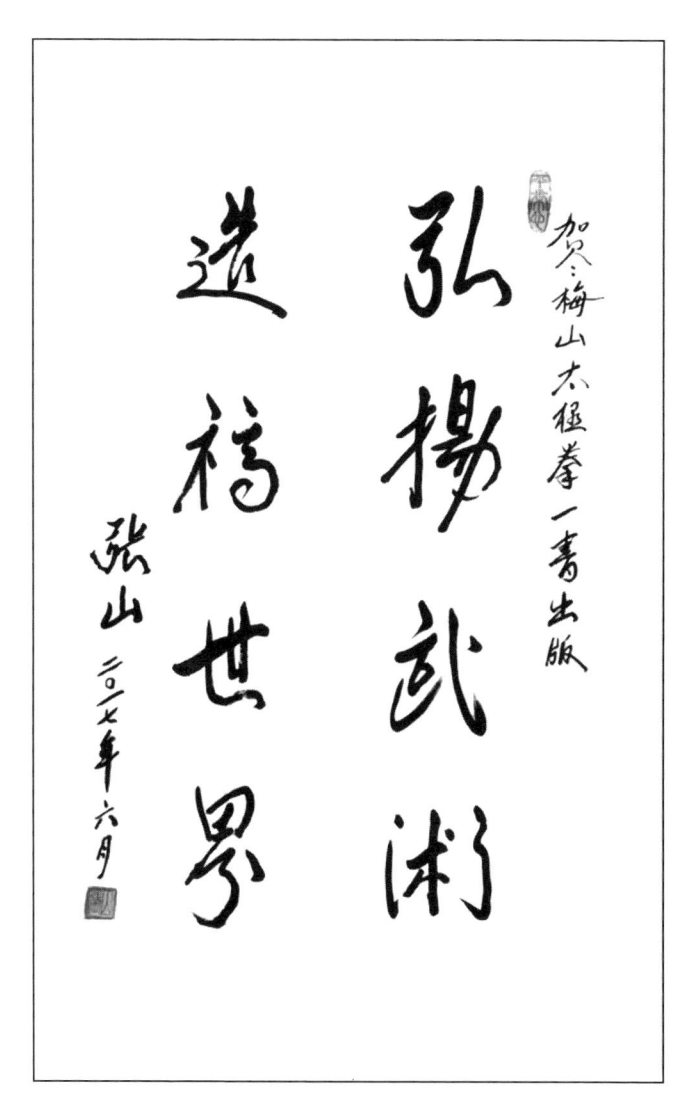

> 贺:梅山太极拳一书出版
>
> 弘扬武术 造福世界
>
> 张山 二〇一七年六月

张山,中国武术协会原副主席,中国武术研究院原副院长,中国武术研究院专家委员会原主任,中国武术九段,武术国际裁判。

梅山太极拳好

贺梅山太极拳一书付梓

甲辰金秋晏西征贺

晏西征,中国武术协会原特邀副主席,中国武术九段,著名武术家。

邹庚壬，中国人民解放军第47集团军原军长，兰州军区原副司令员。

贺梅山太极拳出版发行

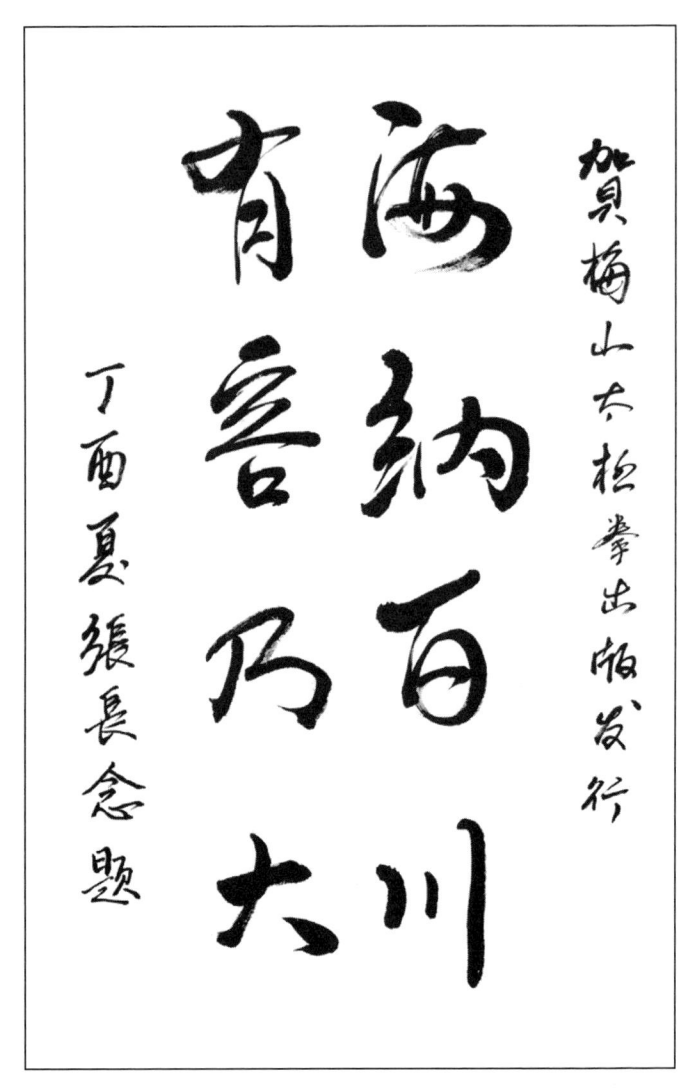

海纳百川 有容乃大

丁酉夏 张长念 题

张长念，武术博士，研究生导师，副教授，忽雷太极主要传人。

武林雄风

李明

李明，中国画创作院副院长，清华大学美术学院教授，太极拳名家。
（2014年8月赠邹寿福）

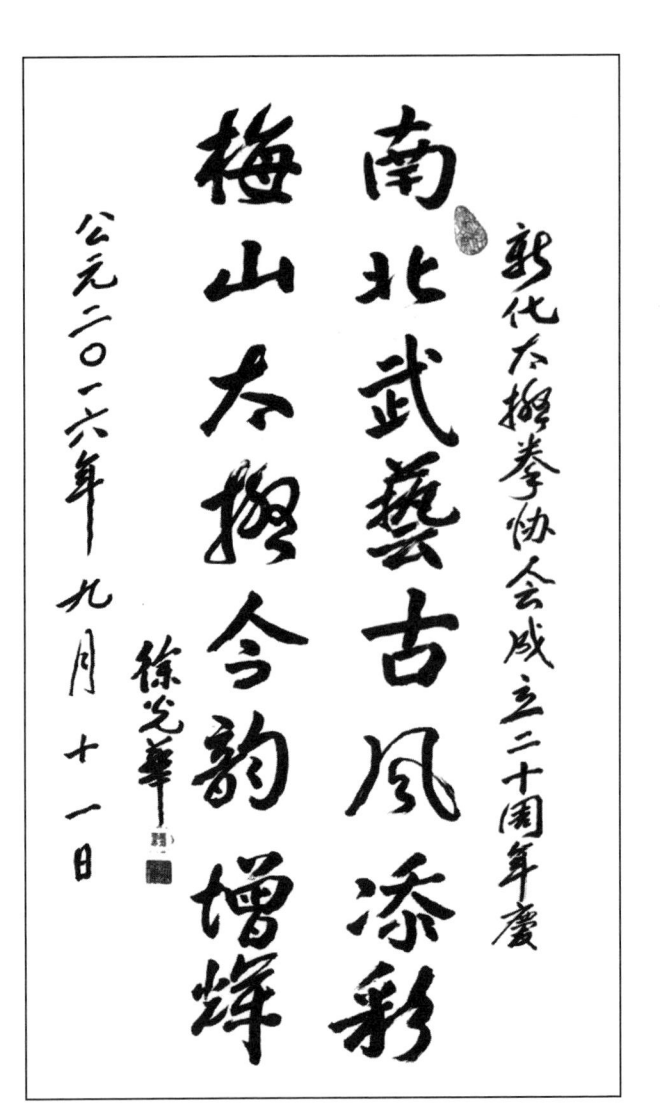

南北武藝古風添彩

梅山太擀今韻增輝

新化太擀拳協会成立三十周年慶

公元二〇一六年九月十一日

徐光華

徐光华，中国画创作院副院长，清华大学美术学院教授，太极拳名家。

武林贤师邹寿福

《世界武林百杰》奖章 　《中国世纪大采风》奖章 　《全国劳动英模》奖章 　《时代英模》奖章

中国武术八段

毕业证书、专业技术职称

省、市比赛所获荣誉证书

邹寿福先生编写的武术馆校教材1

邹寿福先生编写的武术馆校教材2

作者简介

邹寿福，男，汉族，1950年出生于湖南省新化县，1971年毕业于邵阳医学高等专科学校，县中医院副主任医师退休，中国民主促进会会员，新化县政协常委。南北大侠神腿杜心五第三代传人，中国武术八段，国际散打黑带九段，世界武林百杰，著名武术家，散打国际裁判员，从小随父习武，后又拜访名师，武术日益精进，从20世纪80年初期开始收徒传艺，于1986年正式开馆传授武术，创办南北少林武术院，至今已培养输送武术精英数万名。1992年、1998年、2016年、2017年多次任中国武术代表团武术总教练出访东南亚四国、西欧四国、韩国、俄罗斯等国传授中国功夫，弟子遍布全球。近年来为全国武术馆校编写了多部武术教材和散手搏击教材，特别是为将中国传统武术中的梅山黑虎拳和梅山太极拳挖掘整理推向世界做出了重要贡献。

鉴于邹寿福先生在武术上的精湛造诣和创办武校培养人才上做出的杰出贡献，党和国家授予他很高的荣誉：2004年被评为全国民办杰出校长；2007年被评为全国劳动英模，在人民大会堂受到党和国家领导人接见和嘉奖；2008年被评为中国世纪大采风"十佳风采人物"；同年12月中国教育家协会授予共和国教育领域最高荣誉"全国杰出教育家"称号。被邀担任中国传统武术协会副主席、中国武林书画家协会副主席、湖南省武术协会特邀主席、湖南省武术专家委员会副主任、湖南省武术协会顾问、湖南省太极拳协会顾问等职务。

序

武术是中华民族文化瑰宝之一，历史悠久，源远流长，内涵精深，内容丰富多彩，而太极拳是其中的一朵奇葩。随着全民健身运动的广泛开展，太极拳运动已成为人们喜闻乐见的运动项目。湖南新化是"全国武术之乡"和"全国体育先进县"。邹寿福先生在家乡新化长期推广太极拳运动，福泽桑梓，被当地人们称颂。

我和邹寿福先生于20世纪90年代初相识，当时，国家体育总局武术运动管理中心在北京组织了《全国武术馆（校）教材》的编写工作，邹寿福先生是该书编委会的一员。他当时创办的南北少林武术院风生水起，名扬全国。后来又在全国武术比赛中多次见面。他在办学期间一直坚持科研工作，编撰出版了多部武术教材，用于学校教学。作为一个民间武术工作者，能为武术著书立说，值得钦佩。

邹寿福先生基于多年挖掘整理的梅山武术资料，参考其他武术太极资料，结合自己从事武术六十多年的习武经验，与太极拳精髓融会贯通，编写了《梅山太极拳》一书。

本书介绍了梅山十六式太极拳、梅山四十六式太极拳、梅山二十六式太极刀及梅山三十八式太极剑的内容、特点，通俗易懂，易学易练，图文并茂。显著的特色是将梅山太极拳的攻防理念、技击方法等贯穿其中，也重点介绍了梅山太极拳的健身和防身功能。

《梅山太极拳》一书的出版问世，是值得武术界庆贺的事情，它将有力地推动梅山太极拳运动的发展和普及，这也是广大梅山太极拳爱好者的福音，希望大家共同研究，共同探讨，也希望有更多的人喜欢梅山太极拳。

让我们共同为全民健身运动多做贡献！

张　山

前 言

太极拳是中华民族的传统运动项目，是中华武术的精髓，是一种有韵味的文化拳，是中国奉献给世界的一种高级的健身方法。在漫长的演变发展过程中，太极拳的内涵越来越丰富。我国现有陈式太极拳、杨式太极拳、孙式太极拳、吴式太极拳、武式太极拳、梅山太极拳、武当太极拳、少林太极拳等诸多流派。

随着梅山太极拳在全国各地的传播，众多的梅山太极拳爱好者渴望能有关于梅山太极拳的文字资料引导入门，指导他们更好地学习梅山太极拳。为满足广大梅山太极拳爱好者的需求，我将自己练武六十年，挖掘、整理、编撰、演练梅山太极拳的体会和收获整理编写成册，以供大家共同学习。

本书介绍梅山太极拳的基本概念、起源、发展、风格特点及其功效，练习梅山太极拳的要求、方法，同时介绍梅山十六式太极拳、梅山四十六式太极拳的动作名称、动作图解、演练过程、演练路线等。

此外，还介绍了梅山太极器械，如梅山二十六式太极刀、梅山三十八式太极剑。以期指导梅山太极拳爱好者在学习过程中能正确掌握梅山太极拳的演练特点、方法，真正达到强身健体、祛病延年、养生的目的。本书在编写过程中，得到了武术名家的支持和协助，因时间紧迫，在编写过程中难免会有不足之处，请提出宝贵意见，在此一并表示感谢！

邹寿福

目 录

第一章　梅山太极拳概述 …………………………（001）

　　第一节　梅山太极拳简介 ………………………（001）
　　第二节　梅山太极拳基本技术 …………………（002）
　　第三节　梅山太极拳动作要领 …………………（015）
　　第四节　梅山太极拳基本功 ……………………（018）
　　第五节　如何练好梅山太极拳 …………………（047）

第二章　梅山十六式太极拳 ………………………（052）

　　第一节　动作名称 ………………………………（052）
　　第二节　动作图解 ………………………………（053）
　　第三节　连续动作图谱 …………………………（118）

第三章　梅山四十六式太极拳 ……………………（133）

　　第一节　动作名称 ………………………………（133）

第二节　动作图解 …………………………………（135）

　　第三节　连续动作图谱 ………………………………（264）

第四章　梅山二十六式太极刀 ………………………（295）

　　第一节　梅山太极刀简介 ……………………………（295）

　　第二节　动作名称 ……………………………………（299）

　　第三节　动作图解 ……………………………………（300）

　　第四节　连续动作图谱 ………………………………（350）

第五章　梅山三十八式太极剑 ………………………（366）

　　第一节　梅山太极剑简介 ……………………………（366）

　　第二节　动作名称 ……………………………………（368）

　　第三节　动作图解 ……………………………………（369）

　　第四节　连续动作图谱 ………………………………（435）

编委简介 ………………………………………………（453）

参考语献 ………………………………………………（465）

第一章
梅山太极拳概述

第一节 梅山太极拳简介

新化是全国武术之乡，梅山武术有着悠久的历史，是我国传统拳术的重要流派之一，其古传武术功法和技击精髓，具备典型的地域文化特征和丰富的历史文化内涵。梅山武术分外家功法和内家功法。外家功法主要包括工字桩、大小梅山花拳、七步赶、八步追、一百零八手、硬气功、散打的各种单操动作，以及刀、枪、剑、齐眉棍、板凳拳、流星、铁尺、钯、桌拳等武术器械套路。内家功法主要包括梅山太极拳、梅山心意拳、梅山养生十二功法等。梅山太极拳是湖南流传较广的传统太极拳，经笔者挖掘、整理，编撰为现在广泛流传的梅山十六式太极拳、梅山四十六式太极拳，以及梅山太极刀、太极棍、太极剑、太极枪等系统梅山太极项目。梅山太极拳以梅山功法为基础，融梅山武术技术之精髓、其他门派太极之精华于一体，有着独特的风格。

梅山太极拳在汲取其他传统太极拳精华的基础上，主要突出梅山武术功法的特点。梅山十六式太极拳以梅山工字桩为基础，梅山四十六式太极拳以小梅花拳为基础，梅山五十八式太极拳以大梅花拳为基础。其演练架势舒展大方，步法轻灵稳健，身法中正自然，动静相济，刚柔并重，动作以腰为轴，节节贯穿，如行云流水。讲究动作虚实分明、上下相随、快慢相间，外形走弧线，内劲走螺旋。运动中要求逐渐产生一种似柔非柔、似刚非刚，极为沉稳且极为灵活善变的内劲，如棉花包铁内刚外柔的境界。其动作名称以古老的梅山功法动作命名，如乌龙摆尾、二郎推山、牵牛下水、顺水推舟、黑虎偷心等古老而神秘。

梅山太极拳"以意引气""以气运身"，渗透着中国古典哲学《易经》的阴阳学说和道家养生学及传统中医学的丰富内涵，是人们健身、养生的重要手段。随着梅山太极拳被越来越多的人们喜爱，湖南省体育局、湖南省武术协会正式成立了湖南省梅山太极拳研究会，为全省、全国梅山太极拳爱好者搭建了学习、锻炼、联谊、展学的平台，更为梅山太极拳的不断发展提供了更广阔的空间。

第二节　梅山太极拳基本技术

一、基本手型

梅山太极拳基本手型主要有四种：拳、掌、勾、剑指。

拳：五指卷握，拇指压于食指、中指第二指骨节上。握拳不能太紧，拳面要平。（图1-1）

掌：五指自然分开，掌心微含、虎口成弧形。（图1-2）

图1-1

图1-2

勾：五指自然捏拢，屈腕。（图1-3）

剑指：是剑术中的手型，无名指和小指靠拢，大拇指压在无名指和小指上，食指和中指并拢伸直。（图1-4）

图1-3

图1-4

二、基本手法

掤法：两臂成弧形举于胸前，向右侧时，右手在前、在上，掌心朝内；左掌在后、在下，掌心向外。向左侧时，动作相同，左右相反。力达前臂外侧。（图1-5）

图1-5

捋法：臂成弧形，单手或双手向左或右侧后捋，臂外旋或内旋，动作走弧形，力达掌指。（图1-6）

图1-6

挤法：两掌于胸前交叉，两臂同时向前挤，两掌交叉不脱开，前挤高度不过肩。（图1-7）

图1-7

按法：自上而下按为按掌，两掌在胸前同时向前推出为前按。（图1-8）

图1-8

冲拳：拳眼朝上为立拳，拳眼朝左或右为横拳。拳面向前打出，高不过肩，低不过胸，力达拳面。（图1-9）

图1-9

图1-10

双冲拳：两拳抱于腰间，拳心朝下，从腰间发出，拳心相对，力达拳面。（图1-10）

双勾拳：两臂屈肘，两拳从腰间向前勾击，拳心朝上，力达拳面。（图1-11）

图1-11

双贯拳：两臂从腰间屈肘向前；两拳面相对，左右成弧形击打，力达两拳面。（图1-12）

图1-12

撩拳：一拳从腰间向左右撩起，拳心朝下，力达拳背。（图1-13）

图1-13

图1-14

单砍掌：向右侧砍掌时，右掌向右砍出，掌心向内，掌背朝外，掌与肩同高，力达掌缘；左掌收于右臂下，掌心向下。左砍掌与右砍掌动作相同，左右相反。（图1-14）

双砍掌：两掌同时向前方砍出，掌心相对，高与肩平，力达两掌边缘。（图1-15）

图1-15

撩掌：右撩掌从右下方撩起，掌心向上，力达掌面；左掌附于右臂上，掌心向下。左撩掌与右撩掌动作相同，左右相反。（图1-16）

图1-16

牵手：两拳自左侧向右侧牵拉，力达双手。（图1-17）

图1-17

封手：两腿成马步；右掌在下，左掌护于右臂上，成上下封手，力达两掌；目视右侧。（图1-18）

图1-18

三、基本步型

站立步：两脚自然并拢，两手垂立于身体两侧，一身俱正，全身放松。（图1-19）

图1-19

开立步：左脚向左侧开步，与肩同宽，两膝关节微屈。（图1-20）

图1-20

马步：两脚开立，膝关节弯曲，臀部像坐在凳子上一样，上身正，头不弯斜；目视前方。（图1-21）

图1-21

弓步：前腿屈膝前弓，膝盖与脚平行；后腿伸直，脚尖向斜前方45°左右内扣；上身不弯斜；目视前方。（图1-22）

图1-22

仆步：一腿屈膝全蹲，膝部与脚尖稍外撇；另一腿自然伸直，平仆接近地面，脚尖内扣；上身不弯斜；目视下方。（图1-23）

图1-23

虚步：一腿屈膝半蹲，全脚着地，脚尖斜朝前；另一腿微屈，前脚尖（或脚跟）点地；上身不弯斜；目视前方。（图1-24）

图1-24

歇步：一腿在前，另一腿在后，两腿自然屈膝下蹲，臀部坐在后腿上。（图1-25）

图1-25

独立步：一腿自然直立站稳，脚尖外撇；另一腿屈膝提起于体前，大腿高于水平，脚尖自然下垂；目视前方。（图1-26）

图1-26

丁步：一腿支撑，膝关节微屈；另一腿向支撑腿靠拢，脚尖点地，上体不弯斜；目视前方。（图1-27）

图1-27

四、基本步法

上步：一腿支撑，另一腿提起经支撑腿内侧向前上步，脚跟先着地，随之重心前移，全脚掌着地，上身不弯斜；目视前方。（图1-28）

图1-28

退步：一腿支撑，另一腿经支撑腿内侧退一步，脚尖先着地，上身正直，随之重心后移；目视右方。（图1-29）

图1-29

侧行步：一腿支撑，另一腿提起侧向开步，脚尖先着地，随之重心前移，全脚掌着地，过渡为支撑脚，随即另一腿提起，向支撑脚内侧开步；上身正直；目视前方。（图1-30、图1-31）

图1-30 　　　　　　　　图1-31

碾步：以脚跟为轴，脚尖外撇或内扣；或以脚前掌为轴，脚跟外展。（图1-32）

图1-32

跟步：前腿支撑，前脚向前一步，后腿向前跟进半步，不超过支撑脚，脚前掌着地。（图1-33）

图1-33

五、对身体部位姿势的要求

（一）头部要求

练习梅山太极拳时，对头部要求是很严格的。所谓"头顶悬""虚领顶劲"的说法，都是要求练习者头要向上顶，避免颈部肌肉硬直。头部动作应随着身体位置和方向的变换，与躯干的旋转上下连贯、协调一致。面部表情自然，下颌内收，口自然闭合，舌尖抵上腭。目光随身体和手的方向转动，注意力集中，神态自然。

（二）上体躯干部要求

胸部：太极拳中的"含胸拔背"或是"含蓄在胸"都要求练习过程中，不能昂头挺胸，也不能过分地内缩，应顺其自然。胸部肌肉要自然放松，这样胸部就会有"含"的意念，背也有"拔"的形式，呼吸调节也就自然了。

腰部：人要想坐得稳、站得正，腰和脊柱起着重要的作用。练习太极拳时，要求身体端正，不偏不倚。俗话说"主宰于腰""以腰为轴"等，都是讲腰的重要性。练习时，无论是进步或是退步旋转，腰部都要有意识地向下松垂，以帮助气下沉。气下沉可以增加两腿力量，使下盘稳固，使动作圆活完整。

太极拳常讲的"沉肩垂肘"，就是要求这两个部位的关节要放松。肩肘关节是相互连接的，能沉肩就能垂肘。我们在练习时要经常注意肩关节放松下沉。太极拳95%都是手上的动作，因而对手上动作的要求是特别严的，凡是收手的动作，手掌应微含蓄，但又不能太软化、飘浮，当手掌向前推出时，除了要沉肩垂肘，手腕还要微向下塌，也不能弯得太死。手法的屈伸翻转，要力求轻松灵活，出掌要自然，手指要舒展（微屈）。同时，握拳要松，不能握得太死。手和肩的动作是完整一致的。总之，做动作时，始终要保持一定的弧度，推掌、收掌的动作都不要突然断劲，这样才能既有节奏又能连绵不断，做到轻而不浮，沉而不僵，灵活自然。

（三）下肢腿部要求

在练习过程中，步法的进退、发劲和周身的稳定，主要靠腿部完成，因此，要特别注意身体重心的移动，脚放的位置和腿弯的程度。俗话说："其根在脚，发于腿，主宰于腰，形于手指。"可见腿部动作姿势的好坏，关系着周身姿势的正确与否。腿部运动时，首先要求胯和膝关节放松，才能保证进步、退步灵活。前进时脚跟先着地，退步时脚尖先着地，随之慢慢踏实。初学太极拳的人，常感到手脚不听使唤，顾了手，顾不了脚，往往只管上肢手上的动作，而忽略了腿脚的动作，以致影响整个拳架的学习。总之，既要虚实分明，又不能绝对化，这样腿脚进退转换就可灵活、稳定，减少腿部肌肉紧张和疲劳。

（四）臀部要求

我们在练习太极拳时，要求"垂臀"，这是为了避免臀部凸出，从而影响身体的自然形态。切记不要左右扭动。在松腰的情况下，臀部肌肉也要随之而松，以维持躯干的正直。

第三节　梅山太极拳动作要领

在学习梅山太极拳的过程中，要根据运动要求和要领，并按照套路进行。动作柔和缓慢，循序渐进。

一、意念引导动作

在练习梅山太极拳的过程中，都是用意念引导动作，把注意力集中到动作上。做太极拳的每一个动作，都要意欲沉气，有把气沉到腹腔深处的想象，意不停，动作亦不停，就好像用一条线把各个动作串联起来一样。练习太极拳时从"起势"到"收势"，所有动作都要用意识支配完成。古人说的"神为主帅，身为驱使""意动身随"就是这个意思。为了掌握这些要领，必须注意以下两点。

第一，松。练习时先站无极桩，大脑和心安静下来，站桩时，周围环境安静，随之让大脑放松，也就是说思维放松，不想别的事情，然后形体放松，从头到脚一身放松。这是练习前的一个重要准备过程。这种内心的安静应贯穿到练习全部动作中。我们在练习时，无论动作简单或复杂，姿势高或低，内心要始终保持安静、放松的状态，这样才能集中注意力，更好地完成每个细小的动作。

第二，静。就是所说的集中注意力。在内心安静的前提下，还要把注意力放在引导动作的要领上，专心练拳，不要一心二用。练习中做到多想、多问，反复摸索，反复练习。俗话说"拳打千遍身法自然"，就是这个道理。

二、上下一致，周身协调

梅山太极拳是一种有氧运动，也是一种使身体全面锻炼的运动项目。在练习时，全身"一动无有不动"，全身一动，由脚而腿而腰都须完整一气，进而"上下相随，周身协调"。有的人打太极拳，虽然在理论上知道许多动作要以腰部为轴，由躯干带动四肢来活动，但有时候因意念与肢体动作不能密切配合，想要做到周身协调一致也是有困难的。所以初学者最好是先从单式练习和基础练习开始，如从划圈、步法、手法等方面着手，以先求得躯干、四肢动作的协调和熟练地掌握动作要领，然后通过全面动作的连贯练习，使我们的步法、进退、转换与躯干的旋转及手法的变化相互配合，从而达到全身既协调又完整，使身体各个部位都得到均衡的锻炼和发展。

三、分明虚实，稳定重心

在初步了解了梅山太极拳的基础上，就要进一步注意动作的虚实和身体重心的稳定，因为一个动作和另一个动作的连接，位置和方向的改变，都贯穿着步法的变换和重心的移动、身法和手法的运用。由虚为实或由实到虚，动作既要分明，又要连贯不停，做到势断而意不断，一气呵成。如果虚实变化不清，进退步法不灵，那就容易产生动作迟滞、重心不稳的毛病。太极拳有"行如猫，运力如抽牵丝"之说，这证明太极拳在运动中对人体重心稳定和步法轻灵的重点要求。如果身体不能平衡稳定，也谈不上动作的轻灵、均匀。太极拳的动作，无论怎样复杂，首先要把自己安排得舒适，这就是太极拳"正中安舒"的基本要求。凡是旋转的动作，先将身体稳住，再提脚换步；凡是进退的动作，先落脚再慢慢改变重心。同时在运动中的沉肩、松腰、松胯以及手法上的虚实，也会协助重心的稳定。

四、梅山太极拳与呼吸的配合变化

在练习太极拳时，要求呼吸自然，不要因为运动而引起呼吸急促。由于太极拳动作轻松柔和，身体始终能保持缓和协调，所以深度呼吸的方式就可以满足体内对氧的需要，对正常呼吸的影响并不太大。初学者首先要保持呼吸自然，也就是在练习动作时，按自己的习惯和当时的需要进行呼吸，不要控制自己，该呼就呼，该吸就吸，动作和呼吸不要互相约束。运作热练以后，可以根据个人锻炼的体会程度毫不勉强地随着速度的快慢和动作幅度的大小，按照起吸落呼、开吸合呼的要求，使动作与呼吸自然配合。如做"起势"的两臂慢慢前举时，要吸气，而身体下蹲，两臂下落时要呼气。这种呼吸是在符合动作要求与生理需要的基础上进行的。这样能够提高氧的供给量和加强横膈膜的活动，如果心静不下来，得不到"安静"，就不能意识集中和全神贯注，也就难以使意念与动作结合，更达不到连贯和圆和的要求。如果虚实与重心掌握不好，上体过分紧张，也达不到动作协调和完整一气，呼吸也就谈不上自然了。

第四节　梅山太极拳基本功

一、练习前的准备活动

（一）关节运动

1. 颈部运动

转颈，从右至左不停转动8~10次。（图1-34）
转颈，从左至右不停转动8~10次。（图1-35）

图1-34

图1-35

2. 肩部运动

包括单臂绕环、双臂绕环、交叉绕环等。
右手单臂绕环从上往下转8～10圈。（图1-36）
右手单臂绕环从下往上转8～10圈。（图1-37）

图1-36

图1-37

左手单臂绕环从上往下转8～10圈。（图1-38）

图1-38

左手单臂绕环从下往上转8～10圈。（图1-39）

图1-39

两臂绕环，两手从上向后向前转8～10圈。（图1-40）

图1-40

两手从下向后向前转8～10圈。（图1-41）

图1-41

交叉绕环,右手从前向后打开。(图1-42、图1-43)左手从上向后打开;右手由后向前抻直。(图1-44)两手从不同方向交叉转8~10圈。

图1-42

图1-43

图1-44

3. 腰部运动

包括前俯腰、后仰腰、扭腰等。
前俯腰，连续做8～10次。（图1-45、图1-45附图）
后仰腰，连续做8～10次。（图1-46、图1-46附图）
扭腰，左右连续做8～10次。（图1-47、图1-48）

图1-45 　　　　　　　　图1-45附图

图1-46 　　　　　　　　图1-46附图

图1-47 　　　　　　　　　图1-48

4. 膝关节运动

包括左右转动和前后转动。

从左至右转动膝关节8~10次。（图1-49）

从右至左转动膝关节8~10次。（图1-50）

图1-49 　　　　　　　　　图1-50

5. 踝关节与腕关节运动

前后转动膝关节8~10次。（图1-51）
手脚同时向左连续转动8~10次。（图1-52）
手脚同时向右连续转动8~10次。（图1-53）

图1-51

图1-52  图1-53

（二）压腿运动

1. 正压腿

正压腿，连续压8～10次。（图1-54、图1-55）

图1-54

图1-55

2. 侧压腿

侧压腿，连续压8～10次。（图1-56、图1-57）

图1-56

图1-57

3. 弓步压腿

左弓步压腿，连续压8～10次。（图1-58）
右弓步压腿，连续压8～10次。（图1-59）

图1-58 　　　　　　　　图1-59

4. 仆步压腿

右仆步压腿，连续压8～10次。（图1-60）
左仆步压腿，连续压8～10次。（图1-61）

图1-60 　　　　　　　　图1-61

5. 正卧腿

正卧腿，连续做8~10个。（图1-62）

图1-62

6. 侧卧腿

侧卧腿，连续做8~10个。（图1-63）

图1-63

（三）踢腿运动

1. 正踢腿

正踢腿，左右腿连续踢8～10次。（图1-64、图1-65）

图1-64

图1-65

2. 侧踢腿

侧踢腿，左右腿连续踢8～10次。（图1-66、图1-67）

图1-66

图1-67

3. 里合腿

左右里合腿连续踢8～10次。（图1-68、图1-69）

图1-68

图1-69

4. 外摆腿

左右外摆腿连续踢8～10次。（图1-70、图1-71）

图1-70

图1-71

二、无极站桩

无极站桩是练习太极拳最重要的环节，在每次练习太极拳之前都必须先站无极桩，快速入静，从头到脚一身放松。无极桩分为并立式（图1-72）、开立式（图1-73）和混元桩（图1-74）三种。要求头微上顶，舌尖轻抵上腭，双眼微闭，两手垂直，双膝关节微屈，气往下沉，意守丹田，自己感觉像站在船头上，船在前进，一身有轻微晃动，但又不会倒。站桩时间由自己决定，每项最好不少于5分钟。

图1-72

图1-73

图1-74

三、太极基本功（划圈）

1. 左右撩圈

左右撩圈连续做8～10个。（图1-75～图1-79）

右撩圈
图1-75

右撩圈
图1-76

右撩圈
图1-77

左撩圈
图1-78

左撩圈
图1-79

2. 左右捋圈

左右捋圈连续做8~10个。（图1-80、图1-81）

图1-80

图1-81

3. 左右平捋圈

左右平捋圈连续做8～10个。（图1-82～图1-85）

左撩圈
图1-82

左撩圈
图1-83

右平捋
图1-84

右平捋
图1-85

4. 向内双平圈

向内双平圈连续做8~10个。（图1-86~图1-89）

图1-86

图1-87

图1-88

图1-89

5. 向外双平圈

向外双平圈连续做8~10个。（图1-90~图1-93）

图1-90

图1-91

图1-92

图1-93

6. 向内双立圈

向内双立圈连续做8~10个。（图1-94~图1-97）

图1-94

图1-95

图1-96

图1-97

7. 向外双立圈

向外双立圈连续做8~10个。（图1-98、图1-99）

图1-98

图1-99

8. 左右封闭双立圈

左右封闭双立圈连续做8~10个。（图1-100~图1-103）

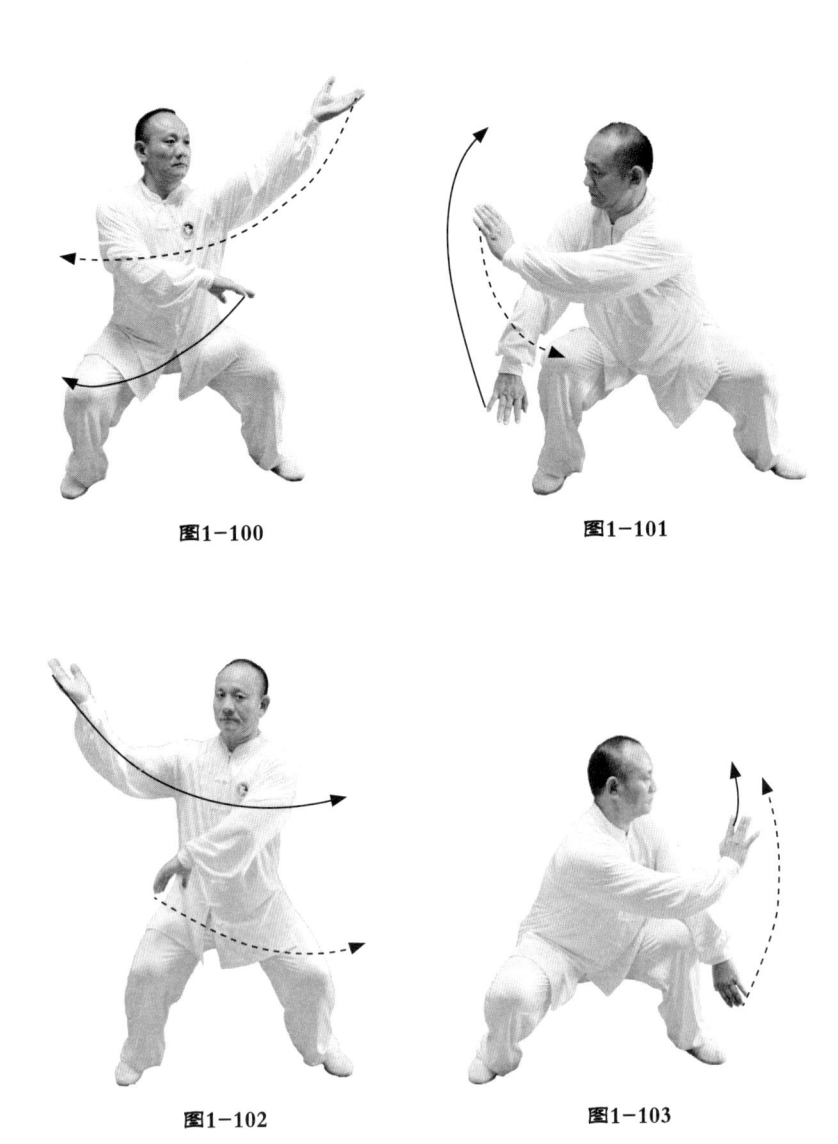

图1-100

图1-101

图1-102

图1-103

9. 左右云手双立圈

左右云手双立圈连续做8~10个。（图1-104~图1-106）

图1-104

图1-105

图1-106

10. 左右大立圈

左右大立圈连续做8~10个。（图1-107~图1-112）

图1-107

图1-108

图1-109 　　　　　　　　　图1-110

图1-111 　　　　　　　　　图1-112

11. 划圈收势

划圈收势。（图1-113～图1-115）

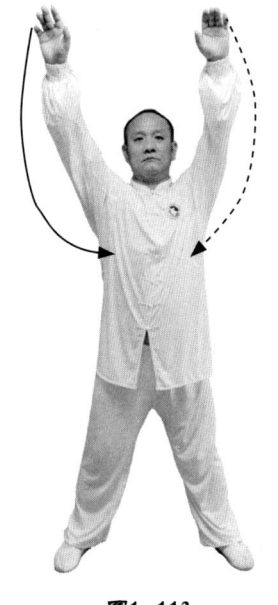

图1-113

图1-114

图1-115

第五节　如何练好梅山太极拳

一、动作要求

（1）静心用意，用心学习和习练，呼吸自然，思想集中。
（2）中正安舒，柔和缓慢，身体保持舒松自然，动作均匀。
（3）动作弧形，圆活完整，以腰为轴，上下相随，周身一整体。
（4）连贯协调，虚实分明，动作要连绵不断，重心保持稳定。
（5）轻灵沉着，刚柔相济，动作外柔内刚，发劲完整。

二、姿势要求

头：保持"虚领顶劲"，有上悬意念，眼自然平视，舌抵上腭。

颈：自然竖直，转动灵活，不可紧张或前勾后仰。

手眼相应：以腰为轴，移步似猫行，虚实分明，打拳时上下呼应，手到眼到，手眼相随。

意体相随：在练习时，用意不用力，用意念牵引肢体动作，外表看不出来，既随着意念而暗用劲。

意气相合：气沉丹田，用意念与呼吸相配合，呼吸用腹式呼吸，一呼一吸与动作一开一合、一上一下相配合。

动中求静：动静结合，即肢体动而脑子静，思想注意力集中于打拳，所谓形动于外，心静于内。

式式均匀：练习时动作要绵绵不断，式式相连，动作快慢均匀。

练习太极拳要求松静自然，这样对大脑起调节作用，长期坚持，会使大脑功能得到改善，消除由神经系统紊乱引起的慢性疾病。同时太极拳要求"气沉丹田"，有意地运用腹式呼吸，加大呼吸深度，有利于改善呼吸机能和血液循环。通过这种轻松柔和的运动，可以使老年体弱的人经络舒畅，新陈代谢旺盛，身体机能增强。

三、练习规律

（一）掌握其规律

（1）中正安静，舒适放松。
（2）用力如抽丝，迈步行如猫。
（3）运劲折叠，进退有转换，进步有跟，退步有撤。
（4）手是旗帜，腰为旗杆。
（5）主宰于腰，其根在脚，形于手，始于指。

（二）学练梅山太极拳的三个阶段

第一阶段：打基础，练基本功，习基本动作，学习划圈。
第二阶段：练习组合动作，打好初级套路。
第三阶段：学习好其他太极拳如二十四式、四十二式等，把架子盘好，然后练习扎实的腿上功夫和发劲的方法。

四、练习要点

学拳：这个阶段是指学习太极拳的招数。

修拳：（指修正）学拳容易，修拳难，学拳1个月，修拳需10个月，自己边练习，边需要老师纠正动作身法和基本要领，像装修房子一样细心修整。

练拳：拳要天天打，俗话说拳不离手，拳打千遍，身法才自然。

内外合一：太极拳练习到中级阶段时，可以将太极拳内外合一、伸缩开合、起落和呼吸都结合起来，让丹田、腰肌发出的力量达到四梢（四肢）。

随心所欲：属太极拳的神明阶段，是高级阶段，拳不仅在外形上舒展漂亮，内劲呼吸上畅通无阻、一气呵成，使人感到练得如春风杨柳，行云流水。

五、练习注意事项

在练习梅山太极拳时，有以下几个环节要注意。

（一）关于形体姿势

在进行梅山太极拳演练时，身体保持中正，全身放松，排除杂念，注意力集中于丹田，膝关节保持微屈，以保证运动时动作圆活自如。

（二）关于动作要求

在练习梅山太极拳时，动作要轻、柔、圆、缓、匀、松、静。

（1）动作轻灵，练习时讲究动作轻灵柔和，如行云流水，不可停顿、断开，不要专做刚猛的动作，用力的动作只能弹抖发力，身心越松、越柔就越能蓄力。

（2）动作绵绵不断、弧形运动，在练习时，手臂为屈、伸、收、放，脚步的进退，身体的旋转，都要连续成为圆圈、连绵不断，不能有停顿的动作。

（3）动作均匀、缓慢，避免忽快忽慢或忽然发力。

（三）关于精神要求

在练习梅山太极拳时，讲究精、气、神和谐统一，太极拳的精、气、神与外家功法套路演练那种"吹胡子、瞪眼睛"的精、气、神是有区别的，外家功法是甩头亮相，每一段做完都有停顿的地方，而太极拳的精、气、神是一种内涵精神气质。因此太极拳在运动中，讲究既要放松，又要集中，身体随着意念的引导进行运动，放松主要是排除大脑杂念，集中是把注意力引到丹田，这叫意守丹田，用自己的意念引导身体进行练习，叫作用心打拳，就是这个道理。

（四）关于呼吸的配合

在练习梅山太极拳时，要注意调节呼吸运动。一般来说，在练习时，只要呼吸自然放松即可。但真正达到用心意来指导运动时，那便是意念的运动，而非力气的运动，是太极拳练到最高境界，向混元发展，达到四两拨千斤的程度，以身带手（一动腰先动）、以柔克刚（柔到了，刚自成，既突出了混元也突出了放松），这个时候呼吸自然配合与调节了。呼吸配合原理是：开为吸气，合为呼气，双臂上举时吸气，双臂下落时呼气；双臂或腿收提时吸气，双臂或腿伸发时呼气。因此在练习梅山太极拳时，对太极拳已练到较高境界的爱好者来说，还是要强调呼吸运动的配合。意念引导身体，身体的运动带动呼吸，而呼吸是调节体内气的运动，人体的血液是靠气的运行和推动而周流全身的。中医学讲"气为血帅，血为气母"。人体要得到好的锻炼，才能调节人体正常生理机能，提高人体免疫力。

第二章
梅山十六式太极拳

梅山十六式太极拳共分两段，第一段左式，第二段右式，加上起势和收势，共有30个动作。第二段打回来是右式，动作与左式相同。2015年，由湖南省武术协会在全省推广，深受广大太极拳爱好者欢迎。从起势到收势需要6~7分钟，第一段左式打完做收势，只需要3分30秒，一般表演和自己练习时往往打完两段。

练习梅山十六式太极拳是掌握梅山太极拳的基础，提高拳术技能的重要途径，初学者可通过习练逐步熟练动作，深入理解拳理、拳法，为之后练习梅山四十六式太极拳奠定基础。值得注意的是，在练习太极拳进行健身时，要掌握适当的运动量，特别是在炎热的夏日，要根据所处环境和自身身体条件来决定运动量，不可贪多求快，急于求成。

第一节　动作名称

1. 起势（抱拳礼、双按掌）
2. 双龙出海（马步双冲拳）
3. 利刀削竹（弓步削掌）
4. 乌龙摆尾（马步双摆掌）
5. 二郎推山（丁步双推掌）
6. 黑虎偷心（马步冲拳）
7. 二郎推山（丁步双推掌）
8. 牵牛下水（弓步双拉手）
9. 白马献蹄（左弹腿）
10. 武松打虎（左右弓步撩拳）
11. 穿心擂（半蹲式架冲拳）
12. 霸王敬酒（弓步冲拳）
13. 隔山砍柴（弓步劈掌）
14. 和尚撞钟（丁步冲拳）
15. 落地捡柴（仆步穿掌）
16. 收势（丁步抱拳）

第二节 动作图解

一、起势（抱拳礼、双按掌）

（1）两脚并拢；胸腹放松，两臂下垂于大腿外侧；头微上顶，下颌微收，舌抵上腭。大脑思维放松，形体放松，意守丹田；目视前方。（图2-1）

（2）两臂从左右起落于胸前，右手握拳，左手立掌，做抱拳礼；目视前方。（图2-2）

图2-1

图2-2

（3）两手抱拳自然下落至腹前。（图2-3）

图2-3

图2-4

（4）上体右转；两手变掌随转体向前弧形摆出。（图2-4）

（5）身体回正；两手慢慢落于腹前，大拇指相对成桃形。两手落到位时，左脚向左分开半步，两脚间距与肩同宽，两脚尖平行向前，成开立步。（图2-5）

图2-5

（6）两手向左右打开，与肩同高。（图2-6）

图2-6

（7）两掌心相对向中间合拢，与身体宽度相等。（图2-7）

图2-7

（8）随之两手自然下按，力达掌根；两膝微屈。（图2-8）

要点：左脚开步时，肩、腰、胯、膝各关节依次松开；两臂侧举时，肩肘松沉；要由腰先动，以腰带手完成动作，上下协调一致，一身俱正。

图2-8

【攻防实用法】

对方两拳击打我方胸部或腹部时，我方两掌下按对方两拳，掌心朝下，力达掌根。（图2-9）

图2-9

二、双龙出海（马步双冲拳）

（1）两臂从腹前慢慢抬起，经胸前向正前方摆臂；两手掌心朝上；两脚不移；目视前方。（图2-10）

（2）随之两手收于腰间抱拳，身体在腰的带动下，略向右转。（图2-11）

（3）两腿半蹲成马步；同时，两拳从腰部同时发出，拳心朝下；目视前方。（图2-12）

要点：蹲马步时不宜太低，也不能太高，成中马步即可；两手冲拳不能过低或过高；两手握拳不要太紧；动作运行中，做到手到眼到。

图2-10

图2-11

图2-12

【攻防实用法】

（1）当对方两拳收回时，我方两手背上翻击打对方脸部，力达掌背。（图2-13）

（2）对方两手上防时，我方两掌变拳击打对方胸部或腹部，力达拳面。（图2-14）

图2-13

图2-14

三、利刀削竹（弓步削掌）

（一）左利刀削竹（右弓步左削掌）

（1）腰向左转；两拳体前交叉，右拳在上，左拳在下，拳心均向下。（图2-15）

（2）两拳变掌向左右分掌，右手略向上，左手略向下。（图2-16）

图2-15

图2-16

（3）手部动作不变；右脚收回成右丁步。（图2-17）

图2-17

（4）随之右手收回向前方成撩掌；左手附于右臂上。（图2-18）

图2-18

（5）右手向左侧扬手；右脚随之向右前方迈步。（图2-19）

图2-19

（6）右脚成右弓步；左手向左侧削出，掌心朝下，力达掌缘；右掌变拳收回右胸前，拳心朝下；目视左掌方向。（图2-20）

图2-20

（二）右利刀捎竹（左弓步右削掌）

（1）上动不停，两手略下落放松，随之两手交叉，左手在上，右手在下。（图2-21）

（2）两手上下分掌，左手略向上，右手略向下。（图2-22）

（3）两手动作不变；左脚收回成左丁步。（图2-23）

图2-21

图2-22 　　图2-23

（4）随之左手收回向前方成左撩掌；右手附于左臂上。（图2-24）

图2-24

（5）左脚上步成左弓步；右掌向右侧削出，掌心朝下，力达掌缘；左掌变拳收回左胸前，拳心朝下；目视右掌方向。（图2-25）

图2-25

要点：两手分掌时，有上下之差，同时达到上开下合、上合下开的时间差要分清楚；在动作运转时，必须在腰的带动下，完成每一个动作；一身俱正，呼吸自然，眼随手到。

【攻防实用法】

（1）我方右掌下撩对方裆部时，对方防守；我方右脚上步成右弓步，左掌向对方颈部削出，力达掌缘。（图2-26）

（2）左手下撩时，我方左脚上步成左弓步，右掌向对方颈部削出，力达掌缘。（图2-27）

图2-26

图2-27

四、乌龙摆尾（马步双摆掌）

（1）上动不停，两腿略往下蹲成马步。（图2-28）

（2）随之右脚提起，脚掌微扣，脚尖朝下；右手变拳，拳心朝内，高与眼平；目视前方。（图2-29）

（3）右脚下落，气下沉，两腿半蹲，两脚间距与肩同宽；右拳与左手相合于体前砸拳。（图2-30）

图2-28

图2-29

图2-30

（4）向左转体；两手向前，随转体由左至右划圈；目视前方。（图2-31）

图2-31

（5）随之左手向前，从胸前向左划小圈，右手从右至左经胸前划一大圈，两手成立掌，左手在前，右手护于左臂内侧；左脚向左迈开成马步；目视两掌。（图2-32）

要点：左脚向左侧落步和两掌摆出协调一致。

图2-32

【攻防实用法】

当对方左弹腿踢击我方时，我方左脚上步成弓步或马步，左掌从上向下按击对方左腿，力达掌缘；右掌从右至左护于胸前，防对方来拳。（图2-33）

图2-33

五、二郎推山（丁步双推掌）

（1）上动不停，左掌向右带掌；马步向右转成骑龙步。（图2-34）

图2-34

（2）左转成骑龙步；右掌向左带掌。（图2-35）

图2-35

（3）右脚提起成右丁步，脚尖朝下；右手不停，向左转。（图2-36）

图2-36

（4）右脚向前成右弓步；两手向前方掤出，右手在上，掌心向内；左手在下，掌心向外；目视前方。（图2-37）

图2-37

（5）重心后移，右腿微伸；左腿微屈，两手向下捋至腹前，右手掌心朝下，左手掌心朝上；目视右手方向。（图2-38）

图2-38

（6）上动不停，右腿屈膝成右弓步；两手提至胸前交叉向前挤出；目视前方。（图2-39）

图2-39

（7）重心后移，左腿微屈；两手向左右分开与肩同宽。（图2-40）

图2-40

（8）重心前移，左脚跟上成右丁步；两手向前推出；目视前方。（图2-41）

要点：二郎推山将太极拳中的掤、捋、挤、按四种手法都包括在内，运行中动作要协调一致，上下相随。

图2-41

【攻防实用法】

（1）对方右拳击打我方头部时，我方上身略左闪，右手抓住对方右腕，左手托住对方肘关节。随即身体右转，两手向右平带，捋开对方来拳。（图2-42）

图2-42

（2）对方用左拳击打我方头部时，我方上身略右闪，左手抓挡对方左手腕，右手托住对方肘关节。随即身体左转，两手向左平带，捋开对方来拳。（图2-43）

图2-43

（3）当对方抵抗时，我方右脚向前成右弓步；两手向外挤出，击打对方左肋部，力达掌缘。（图2-44）

图2-44

（4）对方右拳劈击我方时，我方两手交叉架挡，力达掌缘。（图2-45）

图2-45

（5）当对方右顶肘击打我方时，我方两掌撑住对方右肘推掌，力达掌缘。（图2-46）

图2-46

六、黑虎偷心（马步冲拳）

（1）上动不停，重心后移，落至左脚，右脚尖内扣，重心移至右脚，左脚尖向左转动；两手随之下落。（图2-47）

图2-47

（2）两手从左至右划一圈上举，目随手走。（图2-48）

图2-48

（3）上动不停，左脚向左侧跨一步，成左横裆步；两手划一圈后继续向左侧拉牵。（图2-49）

图2-49

图2-50

（4）上动不停，重心移至右脚，两腿屈膝成马步；左拳抄住右拳，在胸前交叉。（图2-50）

（5）右拳向正前方冲拳，拳心朝下；左拳向左格开，左拳护在左侧头部，拳心朝内。（图2-51）

图2-51

（6）上动不停，右拳收回，抄住左拳，两拳交叉于胸前。（图2-52）

图2-52

（7）右腿屈膝成右弓步；右拳向右侧格挡，护在头部右侧；左拳向左侧贯拳，拳眼朝下；目视前方。（图2-53）

图2-53

（8）上动不停，上体左转，两腿屈膝成马步；左拳抄住右拳于体前交叉，目视前方。（图2-54）

图2-54

第二章 梅山十六式太极拳

（9）两腿向左侧转成左弓步；随之左拳向左格挡，右拳从右至左侧贯拳，拳眼朝下；目视右拳。（图2-55）

图2-55

图2-56

（10）上动不停，右拳变掌，从外向左侧捋回，掌心略向下；左拳变掌落于腹前，掌心朝上。（图2-56）

（11）身体右转，两腿屈膝成马步；两掌掌心朝下向前推掌，力达掌缘；目视两掌推出方向。（图2-57）

要点：拉手时力达两手，左弓步要稳，贯拳时在腰的带动下力达拳面；双推掌时，甩腰力达掌缘。

图2-57

【攻防实用法】

（1）对方右拳击打我方时，我方左拳格挡对方来拳；右拳击打对方胸部，力达拳面。（图2-58）

（2）对方左拳击打我方时，我方右拳格挡对方来拳；左拳横贯对方太阳穴，力达拳面。（图2-59）

图2-58

图2-59

（3）对方右拳击打我方时，我方左拳要格挡对方来拳；右拳横贯对方太阳穴，力达拳面。（图2-60）

图2-60

（4）对方有防我右贯拳时，我两腿向前屈膝下蹲成马步；两掌向对方心窝部猛击，力达掌缘。（图2-61）

图2-61

七、二郎推山（丁步双推掌）

（1）以左脚跟为轴，左脚尖外转；右脚提起，向右侧落步成马步；两掌从左至右划圈，成马步双摆掌。（图2-62）

图2-62

（2）上动不停，两腿成左骑龙步；右掌向左平带。（图2-63）

图2-63

（3）两腿成右骑龙步；左掌向右平带。（图2-64）

图2-64

（4）随之左脚向左前方上步；掤手，左手在上，掌心朝上；右手在下，掌心朝外。（图2-65）

图2-65

图2-66

（5）身体左转，在腰的转动下；两手伸向左侧，做左弓步掤手。（图2-66）

（6）随之左掌心朝下；右掌心朝上，捋向腹前，重心后坐。（图2-67）

图2-67

（7）上动不停，左掌向胸前提起，掌心向下；右掌由腰间上提，掌心向上。（图2-68）

图2-68

图2-69

（8）重心移至左脚，成左弓步；两手交叉向前方挤出；目视出手方向。（图2-69）

（9）上动不停，右腿屈膝，重心后移；两手打开，随重心移动回收。（图2-70）

图2-70

（10）重心前移，右脚随前移之势收回，成左丁步；两手向前推掌；目视两掌。（图2-71）

要点：二郎推山将太极拳中的掤、捋、挤、按四种手法都包括在内，运行中动作要协调一致，上下相随。

图2-71

【攻防实用法】

（1）对方左拳击打我方头部时，我方上身略左闪，身体向左转；两手向左平带，左手抓住对方左手腕；右手托住对方肘关节，捋开对方来拳。（图2-72）

图2-72

（2）对方右拳击打我方头部时，我方上身略右闪，身体向右转；两手向右平带，右手抓挡对方右手腕，左手托住对方肘关节，将开对方来拳。（图2-73）

图2-73

（3）当对方抵抗时，我方左脚向前成左弓步；两手向外挤出，击打对方左肋部，力达两掌缘。（图2-74）

图2-74

（4）对方用左拳击打我方时；我方两手交叉架挡，力达掌缘。（图2-75）

图2-75

（5）当对方用左顶肘击打我方时，我方左脚向前一步，右脚跟上成左丁步；两掌挡住对方肘部，力达两掌。（图2-76）

图2-76

八、牵牛下水（弓步双拉手）

（1）上动不停，重心移至右脚，左脚尖内扣，随之右脚尖右转提起，脚尖朝下；两手胸前平举，掌心向下。（图2-77）

图2-77

（2）随之两掌松下从左至右划一圈。（图2-78）

图2-78

（3）右脚向右前方迈步成右弓步；两掌变拳；两拳分别向左右两方牵拉，左拳拳心向上，右掌拳心向下；目视右手方向。（图2-79）

要点：成右弓步时，落地要稳；左右手牵拉时，动作要准，对战时借对方来力。

图2-79

图2-80

【攻防实用法】

对方右拳击打我方时，我方上身向右闪过，右手抓挡对方腕部，左手抓牵对方肘关节，借对方击打向前的力将对方向右牵拉，力达两手。（图2-80）

九、白马献蹄（左弹腿）

（1）上动不停，右腿支撑站立；左腿提起，向左前方弹踢，目视左腿踢出方向。（图2-81）

图2-81

（2）随之左腿收回。（图2-82）

图2-82

（3）上动不停，左脚向左前方落步成左弓步；右拳从上至下挖拳，拳眼朝下；左拳变掌，护在右臂旁；目视右前方。（图2-83）

图2-83

（4）两腿成中骑龙步；右拳从上往下收回经胸前划一圈向右前成翻拳，力达拳背；左掌向下按掌；目视右拳。（图2-84）

图2-84

（5）右腿向前方蹬腿出击；左掌随右蹬腿齐发，力达脚跟；目视前方。（图2-85）

图2-85

（6）上动不停，右脚向右侧落地成马步；右拳随之贯出，拳心向外；目视右拳。（图2-86）

要点：右脚支撑时必须站稳；左弹腿伸直，收腿稍快；右拳下挖、外翻时，动作协调、一致性完成；蹬腿落地出拳成贯拳同时进行，一气呵成。

图2-86

【攻防实用法】

（1）当对方欲击打我方头部时，我方用左脚弹踢对方小腹和裆部，力达左脚背。（图2-87）

图2-87

（2）对方有防备时，我方左脚落地成左弓步；右拳从上往下挖劈对方头部，力达拳面。（图2-88）

图2-88

（3）对方有防备时，我方右翻拳击打对方头部。（图2-89）

图2-89

（4）随之右蹬腿击打对方腹部，力达右腿。（图2-90）

图2-90

十、武松打虎（左右弓步撩拳）

（1）上动不停，腿部动作不变；右拳向左侧格挡；目视右拳。（图2-91）

图2-91

图2-92

（2）随之左拳向右侧格挡；目视左拳。（图2-92）

（3）身体左转，左腿屈膝，成左弓步；右拳向左下撩拳，力达右拳背；目视左前方。（图2-93）

图2-93

图2-94

（4）身体右转，右腿屈膝成右弓步；左拳向右下撩拳，力达左拳背；目视右前方。（图2-94）

（5）随之右弓步转左骑龙步；左拳上架于头顶左上方，右拳向下栽拳，力达拳面；目视下方。（图2-95）

要点：左右格挡拳，以腰为轴；左右撩拳用弹抖力，动作上下一致，周身放松。

图2-95

【攻防实用法】

（1）对方左拳击打我方时，我方用右臂格挡。对方右拳击打我方时，我方用左臂格挡，力达格挡手臂。（图2-96、图2-97）

图2-96

图2-97

（2）随之我方马步转左弓步，右拳向对方裆部击打。如右撩拳有防，我方急转为右弓步，左手撩击对方裆部。对方若有防或右手击打我方时；我方两脚成左弓步；左手及时抓住对方右手腕，右拳击打对方背部，力达拳面。（图2-98～图2-100）

图2-98

图2-99

图2-100

十一、穿心擂（半蹲式架冲拳）

（一）右穿心擂

（1）上动不停，重心上起，左脚收回成左虚步；两拳变掌，左手收于胸前；右手向前平伸，掌心向下。（图2-101）

图2-101

（2）左脚后退一步；随之两手打开，右掌在前，掌心向上，左掌在后，掌心斜向下。（图2-102）

图2-102

（3）两手从右至左划圈；目视左手。（图2-103）

图2-103

（4）右脚向前一步，左脚随之跟上并震脚并步；两手从左至右，划一大圈，右手上架，左手变拳向右侧打出；目视左拳方向。（图2-104）

图2-104

（二）左式穿心擂

（1）上动不停，左拳在胸前变掌，右手落于胸前，两掌相平，掌心向下；目视前方。（图2-105）

图2-105

（2）上动不停，身体左转，左脚向左侧退一步，右脚跟半步震脚；两掌在转身的带动下，从右向左划圈，左掌上架于头顶，右掌变拳，向前击打；目视前方。（图2-106）

要点：翻腰托起成弧形，上步击拳，动作协调一致；上步震脚，带拖震，落脚震脚不要太明显；冲拳震脚上下相随一致。

图2-106

【攻防实用法】

（1）对方右拳击打我方时，我方右腿上步，左腿跟步，成马步；右手架挡对方来拳；左拳猛击对方胸部，力达左拳面。（图2-107）

图2-107

（2）对方左拳击打我方时，我方左腿上步，右腿跟步，成马步；左手架挡对方来拳；右拳猛击对方胸部，力达右拳面。（图2-108）

图2-108

十二、霸王敬酒（弓步冲拳）

（1）右脚向后退一步成左弓步；左手从上至下落于右臂上，掌心向下；右拳变掌从前向上、向右、向前划圈，掌心向上；目视右手。（图2-109）

图2-109

（2）两腿从弓步变成马步；右手从下至上架掌；左手向左前方成推掌；目视左掌。（图2-110）

图2-110

（3）身体左转，马步转为左弓步；右手掌向前方砍出；左手护在右手臂上；目视右掌。（图2-111）

图2-111

（4）左弓步转为马步；左手附于右手外侧，两手同时拉回，目视前方。（图2-112）

图2-112

（5）上动不停，身体左转，左腿屈膝，成左弓步；右手向前横肘；左手护在右手上；目视前方。（图2-113）

图2-113

（6）左弓步不变；右手变拳向前方翻拳，拳心朝上；左掌护在右臂下；目视右手。（图2-114）

图2-114

图2-115

（7）上动不停，身体回正，右腿屈膝成马步；右拳下落，收于体右侧；左手从下转至右手上附于右腕处；目视前方。（图2-115）

（8）上动不停，上体左转，右腿伸直成左弓步；右拳向前方立拳冲出；左掌握护在右臂上；目视冲拳方向。（图2-116）

要点： 上动下移也好，下动上开也罢，两腿的变换虚实，重心的调整，一动无有不动，手和腿的每一个动作都是在眼神、心意的引领下，即意、气、神、形合一地描绘一个太极图。

图2-116

【攻防实用法】

（1）当对方左拳击打我方时，我方右手抓挡对方左腕，左掌击打对方肋部，力达掌心。（图2-117）

图2-117

（2）随即成左弓步；右劈掌击打对方。（图2-118）

图2-118

（3）我方右掌快速收回变肘，击打对方脸部，力达肘部。（图2-119）

图2-119

（4）若对方防肘时，我方右手肘变翻拳击打对方脸部，力达右拳背。（图2-120）

图2-120

（5）当翻拳击打对方后仰时，我右拳收回，随即直拳击打对方，力达拳面；左手护于右臂。（图2-121）

图2-121

十三、隔山砍柴（弓步劈掌）

（1）上动不停，身体回正，右腿向左脚靠拢成右丁步；右拳从上至右侧后成臂拳，拳心向外；左掌落于胸前，掌心向外；目视左掌。（图2-122）

图2-122

（2）右脚向前上步，两腿屈膝成马步；右拳自然下落，右肩向前靠撞；左手向前划一圈收于右肩处；目视右前方。（图2-123）

图2-123

（3）上动不停，马步不变；右拳从后向前划一圈落于右膝前；左掌立掌于右胸前；目视右侧。（图2-124）

图2-124

图2-125

（4）身体左转成左弓步；右拳变掌，从右后提起向前上举，掌心向上；左掌落于腹前，掌心向下；目视右手。（图2-125）

（5）右脚向左脚收回成右丁步；右掌向左前方下落砍掌；左掌护在右臂上；目视前方。（图2-126）

要点：两手划圈与步法协调一致，眼随手到，周身放松，步型与手法上下相随。手上的动作，有松有紧、有刚有柔，一松一紧而刚柔相济，内气出于丹田，而又归于丹田。所以在势与势的衔接与交换时，要细心地体会松与紧的变化。

图2-126

【攻防实用法】

对方直拳击打我方时，我方左手向左侧上架对方来拳；右掌从上至下劈击对方背部或头部，力达掌缘。（图2-127）

图2-127

十四、和尚撞钟（丁步冲拳）

（1）上动不停，右脚向后退一步成左弓步；两手在胸交叉；目视前方。（图2-128）

图2-128

（2）随之重心后移，左脚内扣；目视前方。（图2-129）

（3）右脚外转，身体右转；两手同时向左右打开；目视前方。（图2-130）

（4）上动不停，左脚向右脚收回成左丁步；两手继续向下划弧，收回腰间，随之右手变拳向前冲拳，左手护在右臂上；目视前方。（图2-131）

要点：运动中，左转或右转，两手划圈或划弧，都要以腰带手，以手领身，冲拳上步动作协调。

图2-129

图2-130

图2-131

【攻防实用法】

（1）对方从背后两拳击打我方时，我方右脚向后退步，转身两手架开对方来拳，力达两手。（图2-132）

（2）我方右脚向后退步，左脚跟上，成右丁步；右拳击打对方胸部或腹部，力达拳面。（图2-133）

图2-132

图2-133

十五、落地捡柴(仆步穿掌)

(1)上动不停,左脚跟落地踏实;右拳变掌向左格带;左手随腰转动打开;目视左手。(图2-134)

(2)随之右脚向右横跨步,两腿屈膝成马步;右掌从左侧下落至右脚上;左掌随即护在右臂上,成马步封闭手;目视右侧。(图2-135)

图2-134

图2-135

（3）上动不停，身体左转，左腿屈膝成左弓步；右掌从右向左侧砍掌；左掌护在右臂上；目视前方。（图2-136）

图2-136

（4）随之身体右转，右腿屈膝成右弓步；两手从左侧经上方至右划弧；目视左手方向。（图2-137）

图2-137

（5）上动不停，身体左转，右腿屈膝下蹲，成右仆步；两手向前下方穿掌；目视前方。（图2-138）

图2-138

（6）上动不停，右仆步转为左弓步；重心前移；两手向上；目视前方。（图2-139）

图2-139

（7）两手打开，右掌从左侧经胸前向右向前划圈；左掌从左前经胸前划圈；目视右手方向。（图2-140）

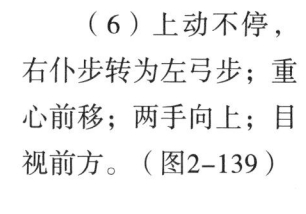

图2-140

（8）上动不停，两腿屈膝下蹲成马步；左掌经左胸前与右掌交叉，随即向前穿掌，掌心向上；右掌落于腹前；目视前方。（图2-141）

要点：手上动作要式式相连；马步封手、左弓步砍掌时，势断意不断；仆步穿掌时，一腿弯曲，另一腿伸直，千万不要拱背低头；中定时，两手同时打开。

图2-141

【攻防实用法】

（1）我方右弓步，右劈掌击打对方，对方防我劈掌、右拳击打我方时，我方右弓步变右仆步，闪开对方来拳。（图2-142）

（2）我方左腿屈膝成左弓步；两掌直插对方小腹，力达指尖。（图2-143）

图2-142

图2-143

（3）对方有防，我方随即以左掌插击对方咽喉部。（图2-144）

图2-144

十六、收势（丁步抱拳）

（1）上动不停；右掌成马步封手；左掌随之护在右臂上；目视左手。（图2-145）

图2-145

（2）上动不停，左腿屈膝成左弓步；右掌从右侧向左侧砍出；左掌护在胸前；目视右手方向。（图2-146）

图2-146

（3）身体右转，右腿屈膝成右弓步；两手分别向左右打开；目视前方。（图2-147）

图2-147

（4）左脚向右脚收回成左丁步；两手下落经胸前向前方抱拳，右手握拳，左手立掌；目视前方。（图2-148）

图2-148

（5）在腰的带动下，将身体向左转；手部动作不变；目视前方。（图2-149）

图2-149

（6）左脚后退一步；左右手分别向左右打开，经胸前往下划一圈后托起；目视前方。（图2-150）

图2-150

（7）随之右脚后退一步与左脚平齐；两手翻转向下按掌，掌心向下；目视前方。（图2-151）

图2-151

（8）随之两掌再向左右打开，至与肩同高时，掌心转向上；目视右手。（图2-152）

图2-152

（9）上动不停，两臂举至头正上方时，掌心相对；目视上方。（图2-153）

图2-153

（10）随之右脚向左脚靠拢；两手经胸腹前自然落于体侧；目视前方。（图2-154）

图2-154

要点：收势为降气收功式。一套太极拳练下来，在身体的周围会产生一些气场，应收回到丹田来，以达到养气养身的目的。收势反复做3次，天地阴阳气与体内阴阳气合一。

梅山十六式太极拳的左式图解已完，比赛时，因传统太极拳规定时间是4分钟内，所以把左式打完，做收势正好合适。但我们平时应将左式与右式一起练习，右式与左式的动作相同，只是左右、方向相反。

梅山太极拳

第三节 连续动作图谱

第二章 梅山十六式太极拳

梅山太极拳

120

第二章 梅山十六式太极拳

梅山太极拳

122

第二章 梅山十六式太极拳

梅山太极拳

124

第二章　梅山十六式太极拳

125

梅山太极拳

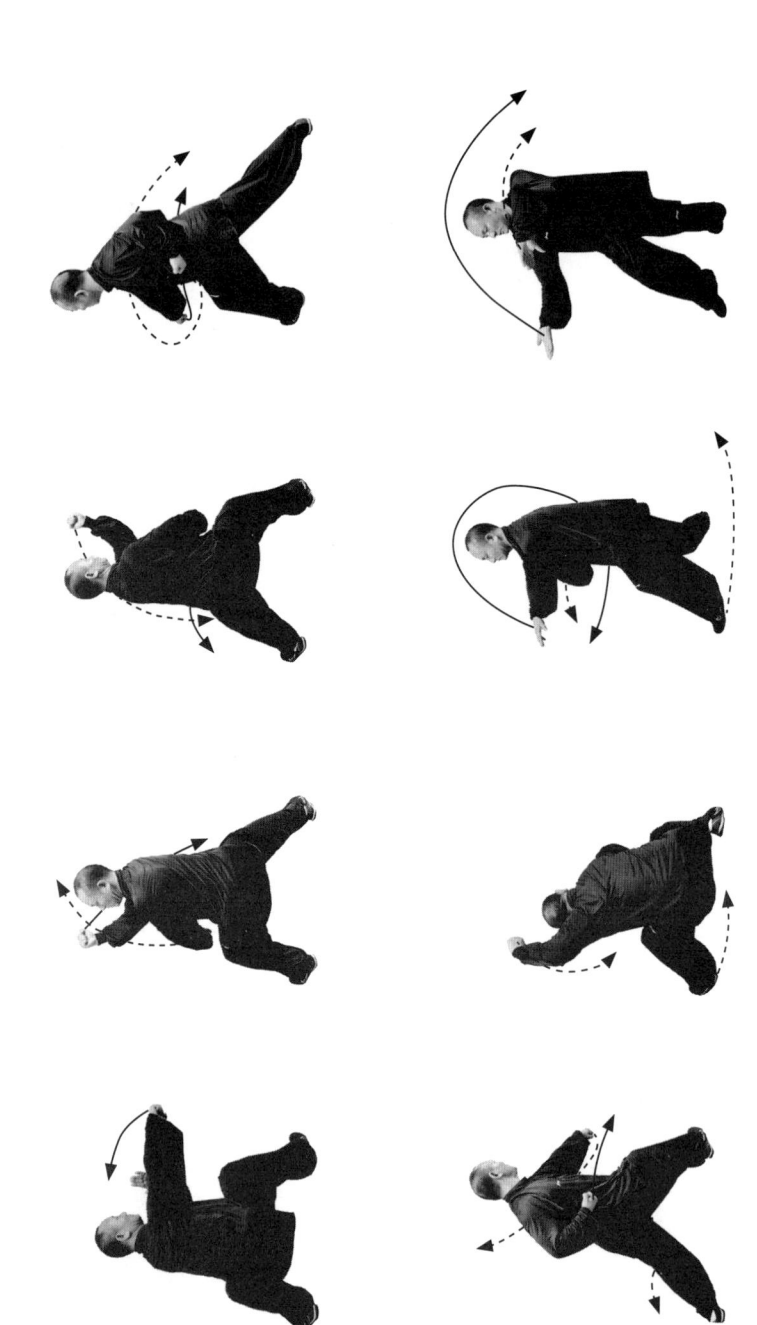

126

第二章　梅山十六式太极拳

128

第二章　梅山十六式太极拳

梅山太极拳

130

第二章 梅山十六式太极拳

梅山十六式太极拳动作路线示意图说明

①本套路动作基本在一条路线走，右式打回去走原来路线。因动作名称无法重叠，而用本图示意。

②本套路分左式和右式二段，左式加上起势和收势共十六个动作，右式打回去还有十四个动作，左右共三十个动作，打回来动作是重复的，只不过方向不同。

③方框中动作名称的字面朝向即是该式动作的面对方向。起势面对方向是南，背面是北，左边是东，右边是西。

④方框叠在一起的是在原地要完成的动作。

第三章
梅山四十六式太极拳

在熟练掌握梅山十六式太极拳的基础上，可以学练梅山四十六式太极拳。梅山四十六式太极拳动作难度加大了，因此，要想学好和掌握这个套路，须持之以恒，认真学习和掌握好每个动作的要领和技击方法。

第一节　动作名称

第一段

1. 童子拜观音（马步立掌、起势）
2. 猴子洗脸（右弓步架推）
3. 乌龙摆尾（马步双摆掌）
4. 二郎推山（四正手、丁步双推掌）
5. 隔山砍柴（左弓步砍劈掌）
6. 猿猴献果（右提膝双托掌）
7. 推山入海（左右马步双推掌）
8. 金鸡独立（提膝托掌）
9. 梅山滚手（马步左右格拳、顶肘）
10. 双猪炼槽（左弓步双勾、双贯、双冲拳）
11. 关公扬刀（退步双劈掌）
12. 乌龙摆尾（马步双摆掌）
13. 双穿心擂（震脚双冲拳）
14. 黑虎偷心（马步击拳）

第二段

15. 仙女散花（左右虚步托掌）
16. 乌龙摆尾（马步双摆掌）
17. 二郎推山（四正手、丁步双推掌）
18. 牵牛下水（左右弓步拉手）
19. 白马献蹄（右弹腿）
20. 张飞擂鼓（右左翻劈歇步冲拳）
21. 怀中抱月（插步抱球）
22. 和尚撞钟（丁步冲拳）
23. 排山倒海（反云手）
24. 海底捞月（弓步下插掌）
25. 拨云见日（插步云拨手、弓步推掌）

第三段

26. 乌龙摆尾（马步双摆掌）
27. 顺手牵羊（丁步拉手）
28. 白蛇吐信（左右弓步插掌）
29. 猴子洗脸（弓步架推）
30. 兔子蹬腿（左正蹬腿）
31. 霸王举鼎（左横裆步架肘）
32. 横扫千军（马步横贯拳）
33. 排山倒海（反云手）
34. 海底捞月（弓步下插掌）
35. 猴子洗脸（弓步架推）

第四段

36. 乌龙摆尾（丁步双摆掌）

37. 日月同辉（弓步推拳）

38. 顺水推舟（左弓步后挂推掌）

39. 翻江倒海（抢臂提膝下插掌）

40. 泰山压顶（右劈翻拳架推掌）

41. 惊天伏地雷（弓步劈打连环拳）

42. 双猪炼槽（弓步双勾、双贯、双冲拳）

43. 猴子洗脸（弓步架推）

44. 乌龙摆尾（马步双摆掌）

45. 隔山砍柴（弓步劈掌）

46. 收势（丁步抱拳礼）

第二节　动作图解

第一段　动作图解及攻防示意

一、童子拜观音（马步立掌、起势）

（1）身体自然站立，两脚并拢；胸腹放松，两臂自然垂于大腿外侧，头微上顶，下颌微收。精神放松，形体放松，意守丹田，目视前方。（图3-1）

图3-1

（2）两手行抱拳礼；目视前方。（图3-2）

图3-2

（3）两手自然下落至腹前，右手握拳在内，左掌在外；目视前方。（图3-3）

图3-3

（4）动作至腹前不停，经腹、胸前向前弧形摆出，两掌心向上，右掌在上，左掌在下；目视前方。（图3-4）

图3-4

（5）上动不停，两掌下落至腹前，大拇指指尖相对，两掌成红桃形；目视前方。（图3-5）

图3-5

（6）上动不停，两臂外展，两掌分别向左右打开，掌心朝下；目视右手。（图3-6）

图3-6

（7）上动不停，两掌从左右落于胸前，右手在胸前立掌，掌心朝左，左掌心朝上托于右手肘部；两膝微屈成马步；目视前方。（图3-7）

要点：全身放松，手上动作连续不断；两腿成马步时，老年人重心可略高一点；右掌立掌时，指尖对准鼻尖。

图3-7

【攻防实用法】

当对方用直拳击打我方时，我方用抱拳礼下行挡开对方来拳，力达掌背。（图3-8）

图3-8

二、猴子洗脸（右弓步架推）

（1）上动不停，身体略向左转，然后回腰；同时两掌向左右分开；下肢马步不变；目视前方。（图3-9）

图3-9

（2）重心移至左脚，右脚向左脚前收回成高虚步；同时两掌收回，右手向前撩掌；目视右手。（图3-10）

图3-10

（3）右脚向前方跨步，脚跟先着地，随之成右弓步；右手上架；左手前推；目视左手。（图3-11）

要点：转腰带手协调一致，收脚撩掌同时进行，右架掌、左推掌与上步成弓步同步。

图3-11

【攻防实用法】

对方用左拳击打我方时，我方右脚上步成右弓步；右掌架起挡开对方来拳；左掌击打对方面部，力达掌根。（图3-12）

图3-12

三、乌龙摆尾（马步双摆掌）

（1）上动不停，两手由左向下经腹前至右侧划一半圈；同时左脚向前收至右脚内侧，脚尖点地，保持身体平衡；目视两手。（图3-13）

图3-13

（2）左脚向左侧跨一步成马步；两手从右至左经面前立掌摆出；目视两手。（图3-14）

要点：左脚向左侧落步和两掌摆出同步，两手成立掌，左手在左膝正上方，右手护在胸前。

图3-14

【攻防实用法】

对方用拳或用弹腿击打我方时,我方快速上步成马步或弓步;两手向对方来拳或来腿砍压,力达掌外沿。(图3-15)

图3-15

四、二郎推山(四正手、丁步双推掌)

(1)上动不停,在转腰的同时;两手向右侧带掌;目视左手。(图3-16)

图3-16

二、猴子洗脸（右弓步架推）

（1）上动不停，身体略向左转，然后回腰；同时两掌向左右分开；下肢马步不变；目视前方。（图3-9）

图3-9

（2）重心移至左脚，右脚向左脚前收回成高虚步；同时两掌收回，右手向前撩掌；目视右手。（图3-10）

图3-10

（3）右脚向前方跨步，脚跟先着地，随之成右弓步；右手上架；左手前推；目视左手。（图3-11）

要点：转腰带手协调一致，收脚撩掌同时进行，右架掌、左推掌与上步成弓步同步。

图3-11

图3-12

【攻防实用法】

对方用左拳击打我方时，我方右脚上步成右弓步；右掌架起挡开对方来拳；左掌击打对方面部，力达掌根。（图3-12）

（2）两手向左侧带掌；目视右手。（图3-17）

图3-17

图3-18

（3）重心移至左脚，右脚收回向前方落步成右弓步；同时两掌向前掤出，右掌在上，掌背朝前；左掌在下，掌心朝前；目视两手。（图3-18）

（4）重心后移，两手略伸开，随之向腹前捋手，右手在前、掌心向下，左手在后、掌心向上，力达手指；目视前方。（图3-19）

图3-19

（5）两手从腹前提至胸前交叉，右手在下，左手在上，掌心朝上；目视前方。（图3-20）

图3-20

（6）动作不停，重心前移成右弓步；两手自胸前向右侧交叉挤出，两掌心向外；目视前方。（图3-21）

图3-21

（7）两掌心向下，向两侧打开，随即重心后移，两掌回收。（图3-22）

图3-22

（8）重心前移，左脚向前跟步成左丁步；两掌略向下、向前按；目视两手。（图3-23）

要点：二郎推山就是太极拳中的四正手，即掤、捋、挤、按，在演练时，需动作协调、认真体会，在腰的带动下，两腿随手上动作随时转变。

图3-23

【攻防实用法】

（1）对方右拳击打我方头部时，我方上身略左闪，右手抓住对方右手腕，左手托住对方右肘关节，身体向右转，两手向右平带，捋开对方来拳。（图3-24）

图3-24

（2）对方用左拳击打我方头部时，我方上身略右闪，左手抓挡对方左手腕，右手托住对方左肘关节，身体向左转，两手向左平带，捋开对方来拳。（图3-25）

图3-25

（3）当对方抵抗时，我方右脚向前成右弓步；两手向外掤挤出，击打对方左肋部，力达两掌外沿。（图3-26）

图3-26

（4）对方用右拳击打我方时，我方两手交叉架挡对方来拳，力达掌外沿。（图3-27）

图3-27

（5）当对方用右肘顶击我方时，我方两掌撑住对方右肘，力达两掌根。（图3-28）

图3-28

五、隔山砍柴（左弓步砍劈掌）

（1）上动不停，右掌向左侧略微转动，成左侧右格掌，左掌护在左腹前；左丁步变为右丁步；目视左前方。（图3-29）

图3-29

（2）右脚向右侧横跨一步成马步；两手随跨步向右侧成马步封手，右手在右侧下，左手护在右臂上；目视右侧。（图3-30）

图3-30

（3）马步转为左弓步；右掌从右下方向左侧砍掌，掌心向上；左掌护在右肘下，掌心向下；目视右前方。（图3-31）

要点：马步封手，桩功略低一点，马步转左弓步时，随腰一起转，砍掌力达掌外沿。

图3-31

【攻防实用法】

对方用右直拳击打我方时，我方左掌格挡对方来拳，右掌击打对方头部或颈部，力达右掌外沿。（图3-32）

图3-32

六、猿猴献果（右提膝双托掌）

（1）上动不停，重心后移，左脚尖转正；两手打开，掌心向下；目视前方。（图3-33）

图3-33

（2）重心前移至左脚，右腿提膝成站立式；两手从身体两侧向上成双托掌，掌心向上；目视前方。（图3-34）

图3-34

（3）上动不停，右脚退步成左弓步；两手收回，掌心向下；目视前方。（图3-35）

图3-35

（4）重心后移，随即，重心再前移成左弓步；两掌向前方推出；目视前方。（图3-36）

要点：右脚提膝上步与两手托掌同步完成，同时左脚站立要稳，两手像端盘子一样。

图3-36

【攻防实用法】

我方提腿双手插击对方咽喉部,对方闪开,用两拳或两掌击打我方时,我方用两掌下压对方来拳或掌,右脚后退成左弓步,两掌向对方推击,力达掌外沿。(图3-37、图3-38)

图3-37

图3-38

七、推山入海（左右马步双推掌）

（1）上动不停，重心后移，左脚尖略向左外转；两手从内向外打开；目视右掌。（图3-39）

图3-39

（2）随之右脚上步成右丁步；右手从后向前成撩掌；目视前方。（图3-40）

图3-40

（3）上动不停，两掌在腰带动下向左侧摆动；目视左侧。（图3-41）

图3-41

（4）随之右脚向右侧落步成马步；两手从左向右侧推出，掌心朝下；目视前方。（图3-42）

图3-42

（5）左脚向右脚收回半步，成交叉步；随之右掌向右带，左手翻掌，掌心朝上；目视前方。（图3-43）

图3-43

（6）左脚向右脚侧上步，重心前移成左丁步；左掌掌心向下；目视前方。（图3-44）

图3-44

（7）两手在腰的带动下向右侧摆动，左掌心向上，右掌心向下；目视右手。（图3-45）

图3-45

（8）上动不停，左脚向左侧落步成马步；两手从右向左推掌，掌外沿向前；目视左侧。（图3-46）

要点：左右平带以腰为轴，双推掌时力达掌外沿，上步与推掌同步。

图3-46

【攻防实用法】

当对方用左拳击打我方时,我方左手抓拦对方来拳,右掌托住对方左肘关节向左平带。当对方反抗时,我方右脚向前成右弓步,两手击打对方胸部,力达掌外沿。(图3-47、图3-48)

图3-47

图3-48

八、金鸡独立（提膝托掌）

（1）上动不停，右手往右后侧划大圈后打开；左手收回从胸前划小圈打开。（图3-49）

图3-49

（2）随之重心移至左脚，右腿提膝，脚尖向下；左手护于左胸前，右手掌心向上成托掌；目视右手。（图3-50）

要点：两手打开划圈时左手划小圈，右手划大圈，在腰的转动下协调进行；右腿提膝，左脚站立要稳，展现出提膝托掌的精气神。

图3-50

【攻防实用法】

对方左拳击打我方时，我方左手抓拦对方左手腕，右掌托住对方左肘关节；右腿提膝，右脚蹬击对方腹部和软肋部，力达脚跟。（图3-51）

图3-51

九、梅山滚手（马步左右格拳、顶肘）

（1）上动不停，右脚跟向右侧前方落地，身体稍左转；右掌立于胸前；左手护于腹前；目视前方。（图3-52）

图3-52

（2）两腿下蹲成马步；两手从左至右成马步封手，右手在下，左手护右臂；目视左手。（图3-53）

图3-53

（3）马步不动；右掌变拳，从右下方向胸前格拳，拳心向内；左掌变拳护在左腹前，拳心向下；目视前方。（图3-54）

图3-54

（4）右拳下落于右腹前，拳心向下；左拳格于胸前，拳心向内；目视前方。（图3-55）

图3-55

（5）右手从右向左扫拳，拳心向下；左拳护在左腰部，拳心向上；目视前方。（图3-56）

图3-56

（6）右臂屈肘收回向右后顶肘；左拳举于左胸前；目视前方。（图3-57）

要点：右、左马步格拳连贯；右扫拳与顶肘一致；顶肘时，使用上身抖劲，在腰的转动下一气呵成。

图3-57

【攻防实用法】

对方右拳击打我方时,我方右手格挡对方来拳。对方左拳击打我方时,我方左手格挡对方来掌,右拳横扫击打对方头部,力达右拳面。(图3-58、图3-59)

图3-58

图3-59

十、双猪炼槽（左弓步双勾、双贯、双冲拳）

（1）上动不停，马步转成左弓步；两拳从下向上成双勾拳，拳心向内；目视两拳。（图3-60）

图3-60

（2）右脚向左脚跟成右丁步；两拳下落经腹部向前方双贯拳，拳面相对。（图3-61）

图3-61

（3）右脚向后退步成马步；两拳从上向下划一小圈落于腰间，拳心向上。（图3-62）

图3-62

（4）马步不变；两拳从腰间用抖劲同时击出；目视前方。（图3-63）

要点：双勾拳时，上步与双贯拳动作协调一致；右脚退步与收拳于腰间是蓄力的过程；双拳击打时，在腰的转动下使用抖劲的暴发力，柔中有刚。

图3-63

【攻防实用法】

（1）我方两拳击打对方太阳穴时，对方有防或闪躲开，用脚踹我方，我方双贯拳随即向下击打对方腿部和手部，力达拳背。（图3-64、图3-65）

图3-64 　　　　　　　　图3-65

（2）然后两拳快速击打对方胸部或腹部，力达拳面。（图3-66）

图3-66

十一、关公扬刀（退步双劈掌）

（1）上动不停，两拳变掌捋回，左手掌心向下，右手掌心向上；同时重心后移，左脚收回成左丁步；目视前方。（图3-67）

图3-67

（2）左脚向后退步成右虚步；两手从后向前划一圈，右手在前，左手在后，成右虚步劈掌。（图3-68）

图3-68

（3）右脚后退一步成左虚步；两手从上向下划圈，成左虚步劈掌；目视前方。（图3-69）

图3-69

（4）左脚又向后退步；手上动作与（2）相同；目视前方。（图3-70）

要点：退步与劈掌相随，两手划圈劈掌时，力达掌外沿。

图3-70

【攻防实用法】

对方用弹腿踢我方腹部，我方左掌下劈对方脚背，力达掌外沿。（图3-71）

图3-71

十二、乌龙摆尾（马步双摆掌）

（1）上动不停，右脚轻提起；两掌从右前方向左侧举起；目视左手。（图3-72）

图3-72

（2）随之，右脚向右前方轻轻落地成马步；两手掌从左至右成摆掌，右手在前，掌心朝左，左手在后，掌心朝右；目视前方。（图3-73）

要点：成马步摆掌时，脚跟落地与两掌摆动划圈动作一致；摆掌时，要沉着，屈肘。

图3-73

【攻防实用法】

当对方用弹腿踢击我方时，我方左脚上步成弓步或马步；左掌格挡对方来拳，右掌砍击对方腿部，力达掌外沿。（图3-74）

图3-74

十三、双穿心擂（震脚双冲拳）

（1）上动不停，两掌向左侧捋动，右手掌心向左，左手掌心向下；目视左手。（图3-75）

图3-75

（2）两掌向右侧捋动，左手掌心向上，右手掌心向下；目视右手。（图3-76）

图3-76

（3）右脚向左脚靠拢震脚成并步半蹲；两掌收于右侧腰间变拳，再向左前方冲击；目视左前方。（图3-77、图3-78）

图3-77　　　　　　图3-78

（4）随之两拳变掌，继续向右带，左手掌心向上，右手掌心向下；两脚成左丁步；目视右手。（图3-79）

图3-79

（5）左脚向左侧上半步半蹲，右脚跟半步，震脚；两掌收于右侧腰间变拳，随即向左前方冲出；目视左前方。（图3-80）

要点：左右带手时，手不能太高；身体转动必须在腰的带动下进行；两掌向右侧平带时，是蓄力的过程，双冲击时，两肩自然放松，才能发出弹抖劲。

图3-80

【攻防实用法】

当对方用右拳击打我方时，我方双手捋开对方来拳，随之两脚上步，两拳重击对方软肋，力达拳面。（图3-81）

图3-81

十四、黑虎偷心（马步击拳）

（1）左脚向右脚后后退一步成马步；两拳自然下落，左拳变掌，右拳从右后方向上划圈挂拳，左手护在右手臂上；目视右拳。（图3-82、图3-83）

图3-82

图3-83

（2）右拳从下往上成翻拳，拳背朝下；左手护在腹前；目视右手。（图3-84）

图3-84

（3）右拳收于右侧腰间，拳心朝上；左手成横扫掌向前，掌心朝上；目视左手。（图3-85）

图3-85

（4）右拳从右侧腰间向左掌上部冲出；同时左掌收于左侧腰间；目视右拳。（图3-86）

要点：左退步右挂拳时，两手形成合力，退步与挂拳同时进行，黑虎偷心的四个动作都是在马步的基础上完成的。

图3-86

【攻防实用法】

我方右翻拳击打对方面部，若对方有防，架我翻拳，我方左掌快速挡开对方架手，右拳收回再快速击打对方胸部，力达拳面。（图3-87、图3-88）

图3-87

图3-88

第二段

十五、仙女撒花（左右虚步托掌）

（1）右拳自然下落变掌，于腹前与左掌交叉，随之右掌在胸前划一圈，向右后打开；左掌向左侧打开；同时马步转为左虚步；目视左侧。（图3-89、图3-90）

图3-89

图3-90

（2）身体稍向左转，左掌向左带，掌心向下，右掌向右下带，掌心向上；左脚向左侧跨一步落地，重心在右脚；目视前方。（图3-91）

图3-91

（3）重心移至左脚，右脚向左侧上步成右虚步；两掌向左侧虚托掌；目视右前方。（图3-92）

图3-92

（4）上动不停，两掌从右向上托起，举过头顶，右掌向上，左掌向左上方；目视前方。（图3-93）

图3-93

（5）右脚向右侧迈步，脚跟落地；两掌落于左右腹前，左掌心向上，右掌心向下；目视对方。（图3-94）

要点：两掌在腹前交叉时，虚步要沉着稳静；手打开划弧线，左右虚步托掌时，上步托掌一致；两手划大立圆时，腰肩松活，柔顺圆转，动作连贯。

图3-94

【攻防实用法】

当对方用左拳击打我方时,我方用左手抓挡对方左腕关节,右手托住对方左肘关节,向左转,随之右手压住对方左肩关节,将对方擒住,力在两手。(图3-95)

图3-95

十六、乌龙摆尾(马步双摆掌)

(1)上动不停,向左转身,左脚略提起,重心在右脚,保持半蹲;随之两掌从下向右侧摆起;目视右手。(图3-96、图3-97)

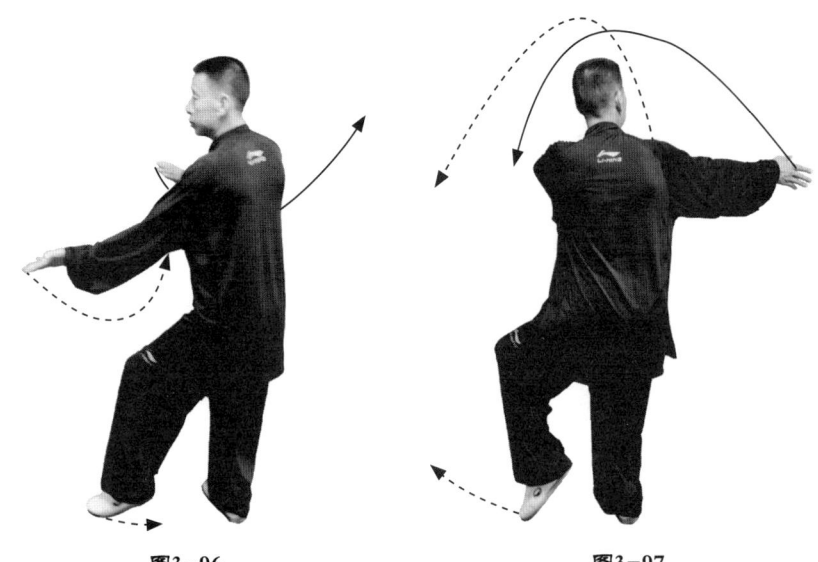

图3-96　　　　　　图3-97

（2）左脚向左侧跨一步成马步；两手从右至左摆出，左手在前，掌心向右，右掌在后，护在左臂上，掌心向左；目视左前方。（图3-98）

要点：提脚独立，身体重心要稳，右膝保持微屈，两手摆动以腰为轴，内外合一，轻巧地完成这一动作。

图3-98

【攻防实用法】

对方用拳或用弹腿击打我方时，我方快速上步成马步或弓步，两掌向对方来拳或来腿砍压，力达掌外沿。（图3-99）

图3-99

十七、二郎推山（四正手、丁步双推掌）

（1）上动不停，在腰的转动下，左手向右带，掌心向上；右手下按至右胯旁，掌心向下；目视左手。（图3-100）

图3-100

图3-101

（2）在腰的转动下，右手向左带，掌心向上；左手下按至左胯旁，掌心向下；目视右手。（图3-101）

（3）重心移至左脚，右脚向左脚收回再向前方迈步成右弓步；同时两掌经左向前掤出，右掌在上，掌背向前，左掌在下，掌心向前，成右弓步掤手；目视两手。（图3-102、图3-103）

图3-102　　　　　　　　　　图3-103

（4）重心后移；两掌略伸开，随之向腹前抒手，右手在前，掌心向下，左手在后，掌心向上，力达手指；目视前方。（图3-104）

图3-104

（5）两手腹前交叉，右手在下，左手在上；目视前方。（图3-105）

图3-105

图3-106

（6）重心右移，成右弓步；两手提至胸前交叉，向右挤出；目视前方。（图3-106）

（7）两掌心向下、向两侧打开，随之，重心后坐，两掌收回；目视前方。（图3-107）

图3-107

（8）在手掌收回的同时，两掌略向下、向前按，随后向前上方推出；重心前移，左脚向前一步成左丁步双推掌；目视两手。（图3-108）

图3-108

十八、牵牛下水（左右弓步拉手）

（1）身体重心移至左脚，右脚尖勾起内扣；两手自然下落至腹前；目视前方。（图3-109）

图3-109

（2）动作不停，重心移至右脚，左脚跟提起向左前方跨一步，脚跟先落地；两手经腹前向左侧抬起，与肩平行。重心前移，左腿屈膝成左弓步；两掌由左至右划一大圈，经腹前变拳向左侧成弓步双拉；目视右前方。（图3-110、图3-111）

图3-110

图3-111

（3）重心移至两腿之间，随之两拳变掌，落于左侧腹前，经腹前由左侧向右侧划一大圈，与肩平行；同时身体重心移至左脚，右脚轻轻提起；目视前方。（图3-112）

图3-112

（4）右脚跟向右前方落步，重心前移，成右弓步；两掌变拳，从左至右牵拉，右拳心向下，左拳心向上；目视前方。（图3-113、图3-114）

图3-113 　　　　　图3-114

（5）动作不停，身体重心移至右脚，左脚向左前方跨一步，脚跟先落地重心前移，成左弓步；两手从左向右划一大圈，经腹前时，两掌变拳，向左侧成弓步双拉；目视前方。（图3-115～图3-117）

要点：左右脚上步时，要稳住重心，轻提轻落；两掌划圈时，身体以腰为轴，两手以肩为轴，腰、肩、肘三轴相连相合，协调一致；两手牵拉时，气、意、力达手臂。

图3-115

图3-116

图3-117

【攻防实用法】

对方用左拳击打我方时，我方上身向右闪过，左手抓挡对方左腕部，右手抓牵对方左肩关节，借对方击打向前的力，将对方向左牵拉致其摔倒，力达两手。（图3-118）

图3-118

十九、白马献蹄（右弹腿）

（1）上动不停，身体重心移至左脚，右腿提膝，脚尖朝下；目视前方。（图3-119）

图3-119

（2）右脚尖绷紧向右前方弹击；目视前方。（图3-120）

图3-120

（3）右脚收回，身体保持稳定；目视前方。（图3-121）

图3-121

（4）右脚向右前方落步成马步；右拳经胸腹前划一圈向右前方成马步翻拳，拳心向上；左手掌护在腹前；目视右拳。（图3-122）

图3-122

要点：身体重心随心意左转、立稳，意气合一，上下相随，独立式站稳；右腿弹出时，略高点，腿收回时，气入丹田；马步翻劈拳时，周身合一，神气不散，力、意、气达到拳背。

【攻防实用法】

我方右脚踢击对方裆部或小腹部，对方若要接我脚或有防手时，我方右脚快速下落成马步，右拳从上往下翻拳击打对方头部，力达拳背。（图3-123、图3-124）

图3-123

图3-124

二十、张飞擂鼓（右左翻劈歇步冲拳）

（1）马步劈拳，右拳自然下落收回，护于裆部；左手护于右腹前；目视右侧。（图3-125）

图3-125

（2）马步不变；右拳从下经腹胸前向右前再翻劈一拳，拳心向上；左掌护于左腹前；目视右拳。（图3-126）

图3-126

（3）身体右转成右弓步；左掌变拳向右冲拳，再翻拳拳心向上；右拳收于腰间；目视左拳。（图3-127、图3-128）

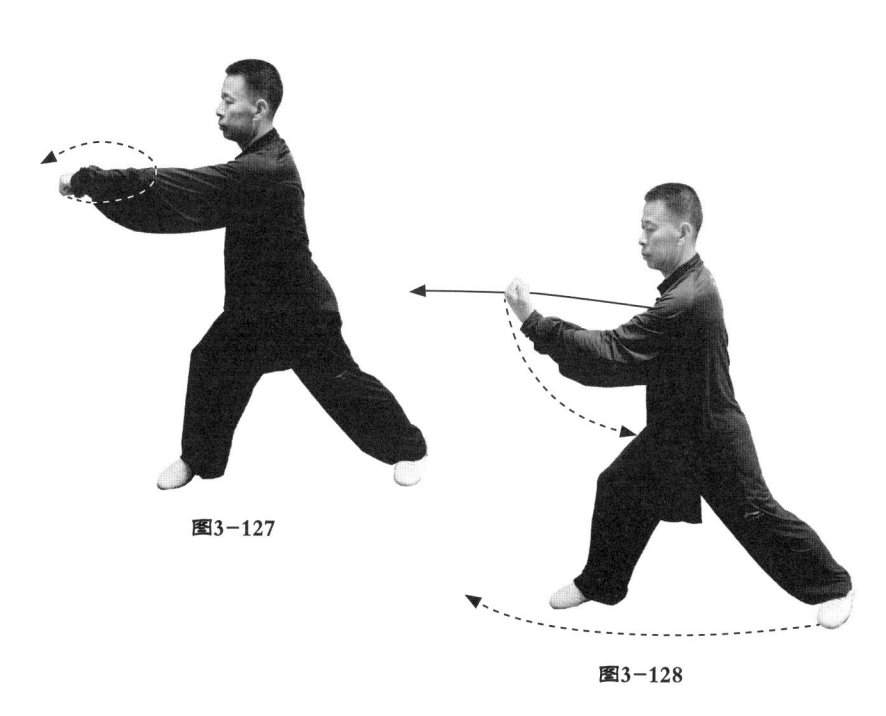

图3-127

图3-128

（4）左脚上步成歇步；左拳收于腰间，拳心向上；右拳随之向前冲击，拳心向下；目视前方。（图3-129）

要点：右拳收回，随之领气经胸前绕转一圈，气贯右手拳背；左拳下挖、翻拳协调一致；随后的右拳击打，力气贯于右拳面；整体动作意气相合，上下相随。

图3-129

【攻防实用法】

（1）我方右手收回，从左至右用拳背击打对方头部，力达拳背。（图3-130）

图3-130

（2）当对方有架防时，我方左手拳心向下向对方挖出，力达拳心。（图3-131）

图3-131

（3）随即再以左拳背击打对方。（图3-132）

图3-132

二十一、怀中抱月(插步抱球)

(1)上动不停,起身,右脚上步成马步;两拳变掌在胸前交叉;目视左前侧。(图3-133)

图3-133

(2)马步不变;右掌向右侧上方架起,左掌向左侧前推掌;目视左掌。(图3-134)

图3-134

（3）左掌向内收，右手从上至右侧下落，与左手相对，右掌在下，掌心向上，左手在上，掌心向下，成抱球式；右脚提起往左后插步，重心略移至右脚，左脚尖略内扣，然后重心再移至左脚；目视前方。（图3-135）

要点：右脚上步轻灵，两手胸前交叉，靠左转时引劲，插步抱球要沉肩坠肘，腰背到位，周身合住，形成怀中抱月式。

图3-135

【攻防实用法】

（1）当对方用左拳击打我方头部时，我方右手抓挡对方左拳，左掌击打对方软肋，力达掌根。（图3-136）

图3-136

（2）我方用右手向对方脸上插掌，掌心向上，力达指尖。（图3-137）

图3-137

二十二、和尚撞钟（丁步冲拳）

（1）上动不停，重心移至右脚，左脚内扣，身体向右后转为右弓步；两手合拢，向右侧平扫，右手掌心向上，左手护在右手腕部。（图3-138）

图3-138

（2）右手在横扫至右脚位置时，翻转成掌心向下，两掌继续向右侧打开；随之身体重心移至左脚，右脚尖扣起；目视前方。（图3-139）

图3-139

（3）两手经胸前划平圆，右手变拳向右前方成立拳出击，左手掌护在右手肘部；左脚随之跟上成左丁步冲拳；目视前方。（图3-140）

要点：向右后转动时以腰为轴；右手冲拳与上步协调一致；右拳击打时随屈就伸，全凭心意用功，神形连绵，积柔成刚。

图3-140

【攻防实用法】

对方从背后两拳击打我方时，我方转身两手架开对方来拳，右脚向后退步，左脚跟上，成左丁步，以右拳击打对方胸部或腹部，力达右拳面。（图3-141、图3-142）

图3-141

图3-142

二十三、排山倒海(反云手)

(1)右脚向右侧跨出一步,随之重心落至两脚之间成马步;右拳变掌,向左侧横格掌;左掌护左侧;目视左侧。(图3-143)

图3-143

(2)右掌经胸前向右下方成马步封手;左掌由下至上经胸前护在右臂上;目视右侧。(图3-144)

图3-144

（3）右掌从右下方向前上方划圈横格；左掌随之护在左侧下方；右脚随之向左脚并步；目视前方。（图3-145）

图3-145

（4）右手从上至下，经胸前、腹前划一圈至右侧；左手从下至上经腹前、胸前向右侧再成封手；目视右侧。（图3-146）

图3-146

（5）右掌从右下方向前上方划圈横格；左掌随之护在左侧下方；右脚随之向左脚并步；目视前方。（图3-147）

要点：重心左右移动时，与下肢动作协调一致，身到手到脚到，两手划圈是小立圆，不能过大，左右平摊，中正不偏。

图3-147

【攻防实用法】

对方用拳击打我方时，我方用内封闭手上防，两手不断摆动或反云手，力达两掌。（图3-148、图3-149）

图3-148 　　　　　　图3-149

二十四、海底捞月（弓步下插掌）

（1）两掌继续分别向右侧划小立圆；左脚随之成左丁步；目视右侧。（图3-150）

图3-150

（2）上动不停，左脚向左跨一步成左弓步；随之左手撩膝变勾手，提至左侧上方；右手成插掌；目视右手。（图3-151）

要点：弓步插掌时，上步与插掌动作协调，心气下沉，周身放松，意、气、神合一，力达右指尖。

图3-151

【攻防实用法】

对方右弹腿击打我方时，我方左掌变勾手，搂住对方来腿，右手掌向对方裆部插掌，力达指尖。（图3-152）

图3-152

二十五、拨云见日（插步云拨手、弓步推掌）

（1）上动不停，重心后移，左脚尖勾起；左勾手变掌，收于胸前立掌；右手翻掌向上护于额前；目视前方。（图3-153）

图3-153

（2）左脚外展；右掌从右向左划弧翻掌成拦格掌；左掌向左侧下按；目视右掌。（图3-154）

图3-154

（3）上动不停，向左转体，右脚上步，脚尖点地成右高虚步；右掌向下落于右下撩掌；左掌向上架于左侧头顶上方；目视前方。（图3-155）

图3-155

（4）重心移至右脚，左脚向右脚后插步；右手从下至左经上到右划一圈；左手从左上至右弧形护在胸前；目视右手。（图3-156）

图3-156

（5）右脚向右侧跨一步成弓步；两掌向右侧平带，左掌心向上，右掌心向下；目视前方。（图3-157）

图3-157

图3-158

（6）重心移至左脚，成左弓步；右手向左侧穿掌，左右手成交叉式，右掌在上，掌心向上，左掌在下，掌心向下；目视前方。（图3-158）

（7）上势不停，两手向左右打开，两掌心向下；同时左弓步转为马步；目视前方。（图3-159）

图3-159

（8）马步不变，两手在胸腹前再交叉，右手在上，掌心向外，左手在下，掌心向下；目视前方。（图3-160）

图3-160

（9）右手从上至右往下划一大圈成撩掌，掌心向上；左手从胸前至下向左往上划一小圈，掌心向下，置于右臂上；目视前方。（图3-161）

图3-161

（10）马步不变；右掌收于腰间，掌心向上；左掌向前推按。（图3-162）

图3-162

（11）左手向左向上成勾手；右手向前上方推掌；马步转为左弓步；目视前方。（图3-163）

要点：动作要连贯，收手、开手与重心后移动作一致。

图3-163

【攻防实用法】

（1）对方左拳击打我方时，我方闪开来拳，左手抓住对方左手腕，右掌击打对方腰部，力达掌根。（图3-164）

图3-164

（2）我方左掌横砍对方颈部，对方有防守，我方右手快速向对方插掌，力达指尖。（图3-165）

（3）对方右拳击打我方时，我方左手撩住对方来拳，右手推击对方胸部，力达掌根。（图3-166）

图3-165

图3-166

第三段

二十六、乌龙摆尾（马步双摆掌）

（1）右脚尖勾起外转，重心移至右脚，左脚提起；左手勾变掌随右掌从左至右经胸前划半圈；目视右手。（图3-167）

图3-167

（2）左脚向左跨一步成马步；两手从右经胸前向左侧摆出，左手在前，掌心向右，右手在后，掌心向左；目视左手。（图3-168）

要点：摆手划圈在腰的带动下进行，左脚提起时右腿持撑要稳，马步双摆掌，气沉丹田，上下相随，一气呵成。

【攻防实用法】

与前"乌龙摆尾（马步双摆掌）"同。

图3-168

二十七、顺手牵羊（丁步拉手）

（1）上动不停，两手自然下落，经腹前至右侧；马步不变；目视右侧。（图3-169）

图3-169

（2）上动不停，两手向上、向左侧划半圈摆掌，左手在前，掌心向前，右手在后，掌心向左；目视左侧。（图3-170）

图3-170

（3）左脚向右脚靠拢，成左丁步；两掌变拳，往左下牵拉，左手拳心向上，右手拳心向下；目视左侧。（图3-171）

要点：两手划圈牵动靠腰的带动，马步双摆时，心沉手稳，牵拉手时沉肩、松腰，力达两拳。

图3-171

【攻防实用法】

当对方用右拳击打我方时，我方双手抓住对方来拳，顺对方击拳的力量牵引对方，将对方拉倒，力达两手。（图3-172）

图3-172

二十八、白蛇吐信（左右弓步插掌）

（1）上动不停，两拳变掌，右手上举立掌，左手护于腹部；左脚微微提起；目视左侧。（图3-173）

图3-173

（2）上动不停，左脚向左前方落步成左弓步；两手从右至左成左封闭手，右手在上，掌心向左，左手在下，掌心向下；目视左前方。（图3-174）

图3-174

（3）右手向右侧打开，左手向左侧打开，两手掌心向下；同时左弓步转为马步；目视左手。（图3-175）

图3-175

（4）左手向胸前压掌；右手在右侧划小圈经右胸前向前方插掌，掌心向上；同时马步转为左弓步；目视右掌。（图3-176）

图3-176

（5）重心移至左脚，右脚提起；两手略往左带，左手向左上方成拦格掌，掌心向右，右手收于腹部，掌心向下；目视前方。（图3-177）

图3-177

（6）右脚向右前方落步成右弓步；两手从左侧往右侧下方成右封闭手，左手在上，掌心向右，右手在下，掌心向下；目视右侧。（图3-178）

图3-178

（7）左手向左打开，右手向右打开，两掌心向下；右弓步转为马步；目视右侧。（图3-179）

图3-179

（8）右手向下压掌；左手在左侧划一小圈向前方插掌，掌心向上；马步转为右弓步；目视前方。（图3-180）

图3-180

（9）重心移至右脚，左脚提起；两手略往右带，右手向右上方成拦格掌，掌心向左，左手收于腹部，掌心向下；目视前方。（图3-181）

图3-181

图3-182

（10）左脚向左侧跨一步成左弓步；两手从右侧往左下方成左封闭手，右手在上，左手在下，两掌心向下；目视左侧。（图3-182）

（11）两掌向左右打开；左弓步转为马步；目视前方。（图3-183）

图3-183

（12）右手指尖朝下插掌；左掌在左侧划一小圈，护在右手肘部；右腿提膝、脚尖向下成独立式；目视前方。（图3-184）

要点：三个弓步封闭手，转两个弓步插掌，均在腰的带动下完成，肩、肘、手随腰运转，有开、有合、匀速对称，手到、意气到，提膝下插掌，左脚平衡立稳。

图3-184

【攻防实用法】

对方用右鞭腿或左踹腿击打我方时，我方左手搂住对方来腿，右插掌击打对方咽喉部，力达右掌根。（图3-185）

图3-185

二十九、猴子洗脸（弓步架推）

（1）右脚向左前方以脚跟落步，随即重心前移至右脚，左脚在后提起，脚尖朝下；左掌从后往前拦掌；右掌向上、向左划一弧线护在左臂上，再向右拦掌；目视前方。（图3-186、图3-187）

图3-186

图3-187

（2）左脚向前跨步成左弓步；两掌从右至左拦掌，随之左手翻掌架起，右掌向左前方推出，两手掌心向前；目视前方。（图3-188）

要点：右脚向前方落地要轻，左脚提膝时，右脚支撑要稳，避免摇晃，气从丹田运行到腿部，左脚上步与左弓步架推须整体协调，同时完成，以腰带臂，以臂带手，周身一家，推掌气、意达右手掌根。

图3-188

【攻防实用法】

对方右掌击打我方时，我方左脚快速向前上步成左弓步；左手抓握对方来掌，右掌推击对方下颌，力达掌根。（图3-189）

图3-189

三十、兔子蹬腿（左正蹬腿）

（1）身体重心后移，左脚回收成左虚步；两手向右后方捋，左掌在前，掌心向下，右掌在后，掌心向上；目视前方。（图3-190）

图3-190

（2）左脚向后退步成右虚步；两手向左侧捋，右掌在前，掌心向下，左手掌在后，掌心向上；目视前方。（图3-191）

图3-191

（3）右虚步不变；左掌经右掌背上向右下方转插一掌；目视前方。（图3-192）

图3-192

图3-193

（4）随即右掌提起，经左掌背向左下方转插一掌；目视前方。（图3-193）

（5）重心后移至左腿；两掌从胸前向左右平分掌；目视前方。（图3-194）

图3-194

（6）重心前移至右脚，左脚向前上提膝，脚尖向下；两掌分别从上向下经腹前划圈，在胸前交叉成提膝十字手；目视前方。（图3-195）

图3-195

（7）两掌向左右分开；左脚跟向正前方蹬腿，脚尖扣紧；目视前方。（图3-196）

要点：左右虚步插掌时，以腰为轴，带动两臂向下方插掌；两臂打开划圈合掌时，两肩顺势开合，有开有合，合之又开，肩、肘、腕应依次伸展；左蹬脚时，右脚支撑保持身体稳定。

图3-196

【攻防实用法】

当对方用右拳击打我方时，我方两手架开对方来拳，用左脚或右脚蹬对方胸腹部，力达脚跟。（图3-197）

图3-197

三十一、霸王举鼎（左横裆步架肘）

（1）上动不停，左蹬腿收回，脚尖朝下；左右分掌不变；目视前方。（图3-198）

图3-198

（2）左脚向左侧落成左弓步，重心移至左脚；左手往上托顶，右手变拳盘肘至胸前；目视前方。（图3-199）

要点：左脚收回时，动作轻灵、缓慢，不能过急；右腿站立要稳；左脚落地与托掌盘肘，动作协调统一，做到开腿圆裆，腰背裹圆，周身相合，肩沉与胯相合，肘横与膝相合，即开中有合，合中有开，沉着稳静，气势饱满。

图3-199

图3-200

【攻防实用法】

当对方用左劈掌或右拳击打我方时，我方用左手上架，右肘横击对方心窝或软肋。（图3-200）

三十二、横扫千军（马步横贯拳）

（1）接上势，右脚收回成右丁步；同时，右拳向前方翻拳，拳心向上；左掌护压于胸前；目视右翻拳方向。（图3-201）

图3-201

（2）左掌向前方立掌推出；右翻拳收于腰间，拳心向上；目视左手方向。（图3-202）

图3-202

（3）右脚向右前方落地成马步；右拳从腰间横贯出，拳背向左；左手立掌不变，掌心向右；目视右拳方向。（图3-203）

要点：左丁步右手翻拳，先动左掌，压开对方拳或脚的进攻，右拳急翻天印，动作一致；马步横贯拳为中盘定势，肩、肘、手和胯、膝、脚须对称，手与脚、肘与膝相合，上下相随，左右手推，四平八稳，一拳对千军的宏大气势。

图3-203

【攻防实用法】

（1）当对方用右拳击打我方时，我方左手从上至下压对方来拳，右拳从内向外劈打对方头部和面部，力达掌背。（图3-204）

图3-204

（2）当对方用左手防我方右手时，我方左手抓住对方左手腕部，成马步横击对方腰部，力达拳背。（图3-205）

图3-205

三十三、排山倒海（反云手）

（1）身体略左转；带动右拳变掌，右掌背朝左侧，左掌下落至左腹前，掌心向上；目视右掌方向。（图3-206）

图3-206

（2）身体向右转，左脚提起向右脚靠拢；右手从右上方落下，在腹前划一圈，掌心向上，左掌经腹前向前向上，掌心朝外；目视左掌方向。（图3-207）

图3-207

（3）左脚向左侧横跨一步成马步；右掌向右上方打开，掌心向外，左掌划小圈在左侧腹前，掌心朝上；目视右手掌方向。（图3-208）

图3-208

（4）接上势，身体带右掌略右转，右掌下落于腹前，左掌向前向上，左脚随之与右脚靠近；目视左掌方向。（图3-209）

图3-209

（5）右脚向右横跨一步成马步，右掌向右打开，掌心朝外，左掌划小圈在左侧腹前，掌心朝上；目视右掌方向。（图3-210）

要点：两手在腰的带动下左右转动，两脚移动的变换为调整重心，右手上时左手下，左手上时右手下，成交替划圈，腿到手到，运转时心气下沉，丹田气转，心气放松。

【攻防实用法】

与前"排山倒海（反云手）"同。

图3-210

三十四、海底捞月（弓步下插掌）

（1）身体重心左移，右脚尖翘起；两手向左侧打开；目视前方。（图3-211）

图3-211

（2）重心移至右脚成右弓步；右掌从左至右向右侧变勾手，左掌从左至右往下插掌，指尖向下；目视右前方。（图3-212）

要点：心气一松，丹田右转，右腿轻轻落步，两掌随之左提起，右掌松垂腹前，气落于右脚成右前弓步，左腿伸直，右掌向右勾手，左手随之向右下方插掌，右肩、肘、手依次松开。

图3-212

【攻防实用法】

对方左弹腿击打我方时，我方右掌变勾手，搂住对方来腿，左掌向对方裆部插掌，力达指尖。（图3-213）

图3-213

三十五、猴子洗脸（弓步架推）

（1）重心移至左脚，右脚尖翘起；右勾手变掌，两掌自然下落，在腹前交叉，右手在上；目视正前方。（图3-214）

图3-214

（2）随之两手分别向左右划圈打开；目视前方。（图3-215）

图3-215

（3）两掌又在腹前相合，左手在上，右手在下；右脚收回向左脚靠拢；目视前方。（图3-216）

图3-216

（4）右脚向右前方跨一步，重心移至右脚成右弓步；右掌从下往上架掌；左掌向前推出；目视前方。（图3-217）

要点：重心移动时，心气下沉，周身放松，腰略左转；重心左移时，左脚支撑稳定；右脚上步时，脚跟落地要轻；右手上架成右弓步时，动作协调一致；左手推掌时，意气达掌根。

图3-217

【攻防实用法】

对方用左拳击打我方时，我方右脚上步成右弓步；右掌架开对方来拳，左掌击打对方面部，力达掌根；目视对方。（图3-218）

图3-218

第四段

三十六、乌龙摆尾（丁步双摆掌）

（1）上动不停，两掌在腰的带动下，向左侧下落，经腹前向右上方划半圈；重心移至右脚，左脚于右脚后，脚尖点地；目视右前方。（图3-219）

图3-219

（2）左脚向左前方上步，右脚随之跟上成右丁步；两掌从右经上方向左再划半圈；目视左前方。（图3-220）

要点：后提脚与两手划圈时，以腰为轴；两手摆掌时要与腰配合，上下相随，周身相合，协调一致。

图3-220

【攻防实用法】

对方用拳或用腿弹击我方时，我方快速上步成马步或弓步，两手向对方来拳或来腿砍压，力达掌外沿。（图3-221）

图3-221

三十七、日月同辉
（弓步推拳）

（1）上动不停，右丁步不变；两掌下落由右至左划一圈，成双摆掌，左手在左前，右手护左臂；目视左侧。（图3-222）

图3-222

（2）右脚向右后侧退一步，左脚随之退一步，成左丁步；两掌变拳，向右侧牵拉，右拳心向下，左拳心向上；目视左前方。（图3-223）

图3-223

（3）两拳变掌，从右至左侧双劈掌；左脚跟向左前方落地；目视左前方。（图3-224）

图3-224

（4）两掌从左前方至左侧平带，在胸前两手交叉，右手握拳，左手握掌护在右腕上，重心前移至左脚，右脚跟提起，脚尖点地；目视前方。（图3-225）

图3-225

（5）上动不停，右脚向前方上步成右弓步；两手向前方挤推出；目视右前方。（图3-226）

要点：两手划圈，以腰臂为轴；退步和进步时，两腿要以膝为轴，上中下紧相随，并与胸腹开合相配合，内外合一；右弓步推挤时，气势饱满，沉着稳静，两肩、两肘、一拳一掌协调一致。

图3-226

【攻防实用法】

当对方用拳或用腿击打我方时，我方两掌从右至左向对方来拳砍压，力达两掌外沿，随之右手握拳，左手立掌靠在右手腕上向对方挤出，力达两手；目视对方。（图3-227、图3-228）

图3-227

图3-228

三十八、顺水推舟（左弓步后挂推掌）

（1）右拳变掌，从右至左落于右侧腹前；左手从右至左落于左侧腹前；重心向左移至两脚之间；目视前方。（图3-229）

图3-229

（2）重心移到右脚，左脚提起向左前方上步成左弓步；两掌向前方砍掌，掌心相对；目视前方。（图3-230）

图3-230

（3）重心后移，左脚尖翘起，身体略左转；两掌自然下落；目视前方。（图3-231）

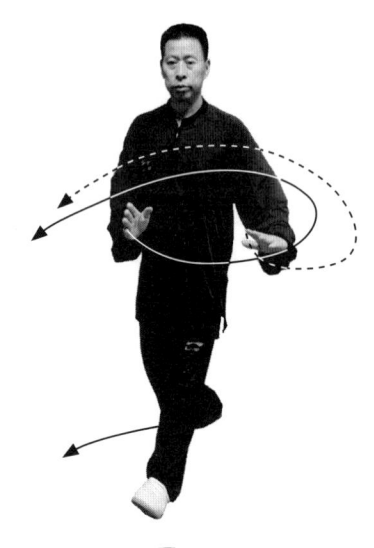

图3-231

（4）重心移至左脚，右脚抬起向右侧落步，左脚向前跟步成左丁步；两掌从左至右划圈摆掌，右掌在前；目视两掌。（图3-232）

图3-232

（5）上动不停，左脚向前上步落地踏稳，右脚向右侧后挂，成左弓步；左掌往左侧下格；右掌顺势向前方推掌；目视前方。（图3-233）

要点：两手划圈，以腰为轴，左弓步双砍时，随心气放松，两臂在腰的带动下左转，两手沿右上方弧线向左前方领带，松腕舒指下垂，同时身体前移，重心前落。整个动作要松柔，缓慢、顺势、意气随行，平心静气。左脚后挂与两手推掌时要上下相随，一气呵成。

图3-233

【攻防实用法】

（1）当对方用右高边腿击打我方时，我方两掌从右至左格打对方脚背，力达掌外沿。（图3-234）

图3-234

（2）随即我方两掌向对方面部劈击。（图3-235）

图3-235

图3-236

（3）若对方左拳回击我方时，我方左手抓住对方来拳手腕，右脚向后挂腿，右手推按对方后肩部，将对方摔倒，力达右掌和右腿。（图3-236）

三十九、翻江倒海（抢臂提膝下插掌）

（1）重心移至右脚，左脚提起向右脚垫步，右脚随之向右侧移动一步，成左弓步；两掌分别向左右划圈之后，左掌落于左侧腰间，掌心向上，右掌按于右侧腹前，掌心向下；目视右掌。（图3-237）

图3-237

图3-238

（2）身体右转，重心移至右脚，成右弓步；右掌从右至左从胸腹前划一圈回收于腰间，掌心向上；左掌从左经耳部划一圈，向前方反插掌，掌心向左；目视前方。（图3-238）

（3）左脚提膝；右掌从后向右前方反插掌，大拇指朝下；左掌附于右肘上；目视右掌方向。（图3-239）

要点：右手抡臂要在腰的转动下，松肩、松腰，一气呵成。在转腰的同时，右手插掌与左提膝，上下相随。

图3-239

【攻防实用法】

（1）我方右手背向对方头面部劈打，力达掌背，当对方用左手格挡时，我方收回右手，左掌随之向对方腹部插出，力达左掌尖。（图3-240）

图3-240

（2）对方有防左插掌时，我方右掌急忙向对方腹部插出。（图3-241）

图3-241

四十、泰山压顶（右劈翻拳架推掌）

（1）左脚向左后方退步，右脚略收回成右虚步；右掌变拳向左侧格挡；左手下落于左腹前；目视右手前方。（图3-242）

图3-242

（2）左手变拳向右侧格挡；右手握拳护在右腹前；同时，右脚向右退一步；目视前方。（图3-243）

图3-243

（3）右拳向右前方挂拳，拳眼向下；左拳变掌护在右臂上；重心在两脚之间；目视右前方。（图3-244）

图3-244

（4）右拳从下方往腹前收回，经胸前划圈向前翻劈拳，拳心向上；左掌护于腹前；重心在两腿之间；目视右前方。（图3-245）

图3-245

（5）右拳变掌，收于腹前，掌心向上；左掌在上，掌心向下；右脚收回，成右丁步；目视前方。（图3-246）

图3-246

（6）右脚向前方落步成右弓步；右掌从下向上架起，左掌从胸前向前方推出；目视前方。（图3-247）

要点：退步与格挡连贯协调一致；翻劈、挂拳时，心意随右旋转，气下沉于两脚，两手顺势回旋至体前，成护裆格斗势；右弓步架推时，步要稳。

图3-247

【攻防实用法】

（1）当对方用左、右拳击打我方时，我方用右、左格拳格开对方来拳。（图3-248）

图3-248

（2）随即我方右拳从上向下向对方头部劈打，力达拳面。（图3-249）

图3-249

（3）当对方有防时，我方右手收回从内向外、向上翻打对方面部，力达拳背。（图3-250）

图3-250

四十一、惊天伏地雷（弓步劈打连环拳）

（1）上动不停，身体左转，重心移至两脚之间；右掌变拳向左侧格挡，拳心向内；左掌握拳抱在左侧腰间；目视前方。（图3-251）

图3-251

（2）左拳向右侧格挡，拳心向内；右拳落于右侧腰间；左脚向后退一步成插步；目视前方。（图3-252）

图3-252

（3）右脚向后退一步成左弓步；右拳向前撩出，拳心向后，拳背向前；目视前方。（图3-253）

图3-253

（4）身体向右后方转，重心移至右脚成右弓步；右拳从下向前、向上划一大圈，落于右侧后方；左掌变拳护于腰间；目视右手方向。（图3-254）

图3-254

（5）左拳向右前方插拳出击，拳眼向下；右拳收于腰间；右弓步不变；目视前方。（图3-255）

图3-255

图3-256

（6）身体稍左转，成左弓步；右拳向右侧再插拳，拳眼向下；左拳护在右臂上；目视右拳。（图3-256）

（7）左弓步不变；右拳从下向左前方撩拳，拳心向下；左拳护在右臂上；目视左前方。（图3-257）

图3-257

（8）右拳从前向右上方划圈置于右侧头顶上方，拳心向前；左拳从右向下穿拳；重心移至右脚成右仆步；目视左前方。（图3-258）

要点：左右格拳，以腰为轴，两拳翻劈时，沿立圆轨迹的左上方或右下方路线绕转一圈，身体重心随之变化，形成一个整体的立圆，撩、插、翻动作上下协调一致。

图3-258

【攻防实用法】

（1）我方用右拳背劈打对方头部，力达拳背。（图3-259）

图3-259

（2）当对方用右臂架挡时，我方左拳快速插击对方胸部，拳眼向下，力达拳面。（图3-260）

图3-260

（3）当对方用右手防我方左拳，我方右拳快速反插对方胸部，右拳眼向下，力达右拳。（图3-261）

图3-261

四十二、双猪炼槽（弓步双勾、双贯、双冲拳）

（1）上动不停，右仆步转成左弓步；两拳收于胸前，拳心向上；目视前方。（图3-262）

图3-262

（2）上动不停，右脚向前跟步成右丁步；两拳左右拉开成双顶肘，拳心向下；目视前方。（图3-263）

图3-263

（3）上动不停，右脚向后退步成半马步；两拳向上翻击，拳心向上；目视前方。（图3-264）

图3-264

（4）两拳自然落下，经胸前向前方划一小圈，双翻拳，拳心向上，两拳分别回收于两腰间，重心移至两腿之间；目视前方。（图3-265）

图3-265

（5）马步不变；两拳同时从腰间向前方击打，拳眼向上，拳心相对，力达拳面；目视前方。（图3-266）

要点：两拳双勾、双贯、双翻、双击时，意在两拳；上下绕环双肩由松而开，圆活柔顺，连绵不断，手到、腿到、步到，上下相随，协调一致。

图3-266

【攻防实用法】

（1）我方双勾拳击打对方腹部。（图3-267）

图3-267

（2）我方两拳击打对方太阳穴，对方有防或闪躲开，用脚踹我方时，我方双贯拳向下击打对方腿部和手部，力达拳背。（图3-268）

图3-268

（3）随即我方两拳快速击打对方胸部或腹部，力达拳面。（图3-269）

图3-269

四十三、猴子洗脸（弓步架推）

（1）上动不停，左脚尖翘起，重心移至左脚；两拳变掌，左掌从外向内向下划圈；右掌从前向右后划半圈；目视右手方向。（图3-270）

图3-270

（2）右掌从后向下、向前划半圈成右撩掌，掌心向上；左掌护在右臂上；重心移至左脚，右脚收回成右丁步；目视前方。（图3-271）

图3-271

（3）右脚向前方跨一步成右弓步；右掌翻掌向上格挡，左掌向前方立掌推出；目视前方。（图3-272）

要点：两手划圈时，须松肩、圆活、上下相随；右手向右打开时，身体中正平稳，神形连绵，身转在腰，手圈在肘，腿圈在膝；撩掌上步时，上下相随。

图3-272

【攻防实用法】

对方用左拳击打我方时，我方右脚上步成右弓步，右掌架开对方来拳，左掌击打对方面部，力达掌根。（图3-273）

图3-273

四十四、乌龙摆尾（马步双摆掌）

（1）两掌从上至下于右侧胸腹前划半圈摆至右侧，两手掌心朝前；重心移至右脚，左脚在左后方抬起；目视右手。（图3-274）

图3-274

（2）左脚向左侧落步成马步；两掌从右侧经胸前向左侧摆掌，左掌心向右，右掌心向左；目视前方。（图3-275）

要点：两手划大圈时松肩、圆活；重心移至右腿时，重心要稳；上步、摆掌协调一致。

图3-275

【攻防实用法】

对方用拳或用弹击我方时，我方快速上步，两手向对方来拳或来腿砍压，力达掌外沿。（图3-276）

图3-276

四十五、隔山砍柴（弓步劈掌）

（1）两手向右侧成马步封手，右掌在下，掌心向右下方；左掌在上，护在左臂上，掌心向右；目视右侧。（图3-277）

图3-277

（2）马步转为左弓步；右掌从右侧向左前方砍掌，掌心向左；左掌护在右臂下，掌心向下，目视前方。（图3-278）

要点：马步封手与左弓步砍掌时，以腰为轴；封手与马步、砍掌与左弓步，上下相随，协调一致。

图3-278

【攻防实用法】

对方用左直拳击打我方时,我方左掌下压对方来拳,右掌击打对方头部,力达右掌外沿。(图3-279)

图3-279

四十六、收势(丁步抱拳礼)

(1)身体重心右移,左弓步转为右弓步;两手分别向左右打开,两掌心向下;目视右侧。(图3-280)

图3-280

（2）左腿向右腿靠拢，成左丁步；两掌从左右向下划小圈，右手握拳，左手立掌，成抱拳礼；目视前方。（图3-281）

图3-281

图3-282

（3）左丁步不变；以腰为轴，向左侧抱拳；目视前方。（图3-282）

（4）左脚向左后方退一步，右拳变掌，两掌向左右打开，掌心向下；目视前方。（图3-283）

图3-283

（5）重心后移，成高虚步；两掌向下划一小圈，再向上托掌，掌心向上；目视前方。（图3-284）

图3-284

（6）右脚向后退步，与左脚平行，两脚距离与肩同宽；两掌心向下；目视前方。（图3-285）

图3-285

（7）两掌缓缓自然下落至腹前；两脚不变；目视前方。（图3-286）

图3-286

（8）两掌向左右打开，向上呈弧线举起，指尖相对；目视两掌。（图3-287）

图3-287

（9）两掌缓缓自然向下落于左、右腿两侧，右脚向左脚并拢；目视前方。（图3-288）

要点：两手划圈与步法协调一致，眼随手到，周身放松，步型、手法上下相随。手上的动作有松、有紧、有刚、有柔，一松一紧，刚柔相济，内气出于丹田而又归于丹田。所以在势与势的衔接与交换时，要细心地体会松与紧的变化。

图3-288

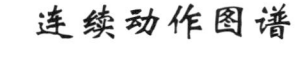

第三节 连续动作图谱

第１段

第三章 梅山四十六式太极拳

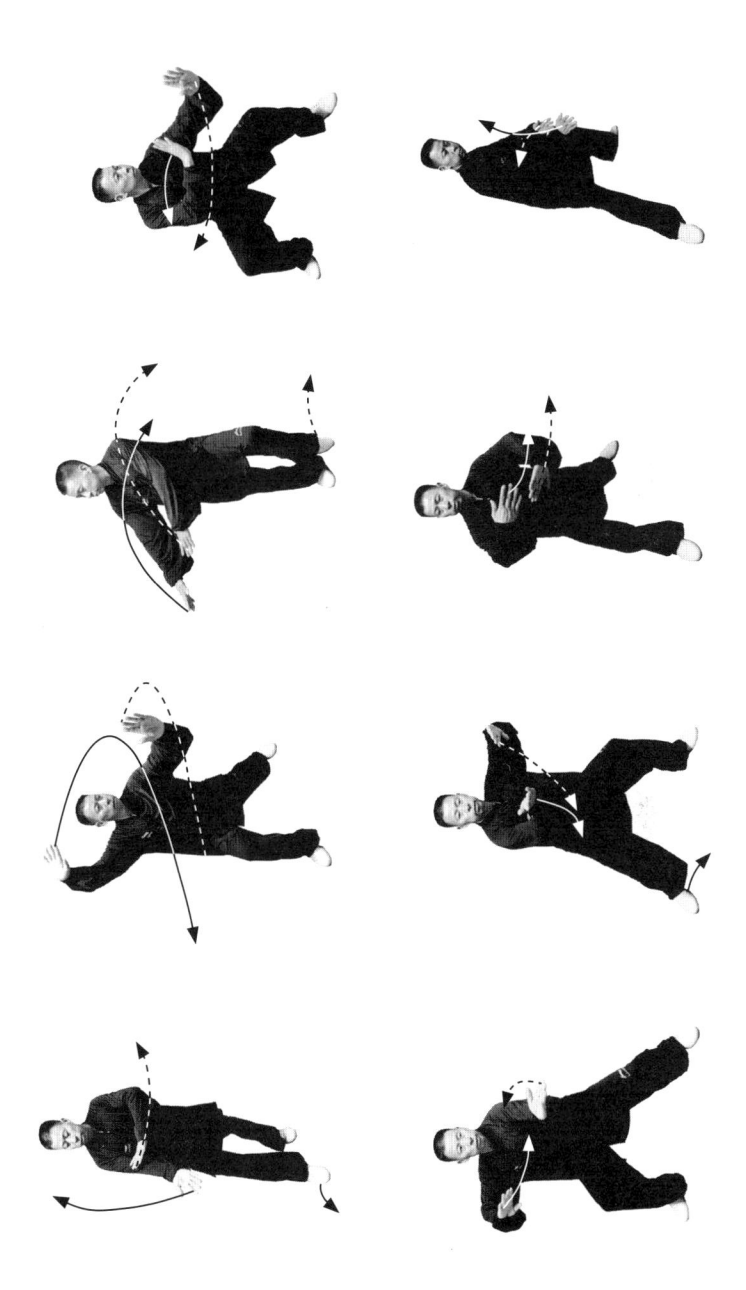

265

梅山太极拳

266

267

第三章 梅山四十六式太极拳

268

第三章 梅山四十六式太极拳

270

第三章 梅山四十六式太极拳

第八路

第三章 梅山四十六式太极拳

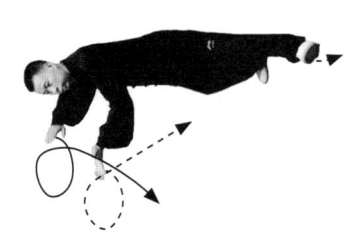

梅山太极拳

274

第三章　梅山四十六式太极拳

梅山太极拳

276

第三章 梅山四十六式太极拳

277

278

第三章 梅山四十六式太极拳

梅山太极拳

280

第三章 梅山四十六式太极拳

梅山太极拳

282

第三章 梅山四十六式太极拳

283

第四节

285

第三章 梅山四十六式太极拳

梅山太极拳

286

287

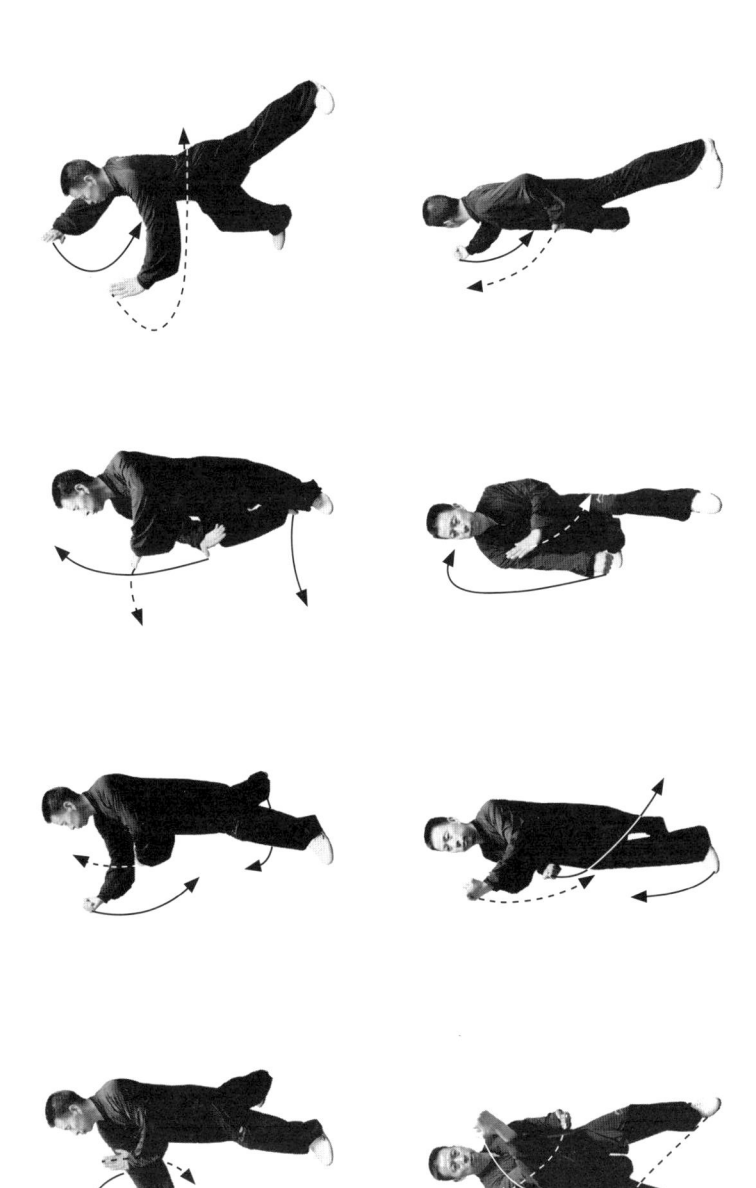

第三章 梅山四十六式太极拳

梅山太极拳

288

第三章 梅山四十六式太极拳

梅山太极拳

290

梅山四十六式太极拳动作路线示意图

第一段 动作路线示意图

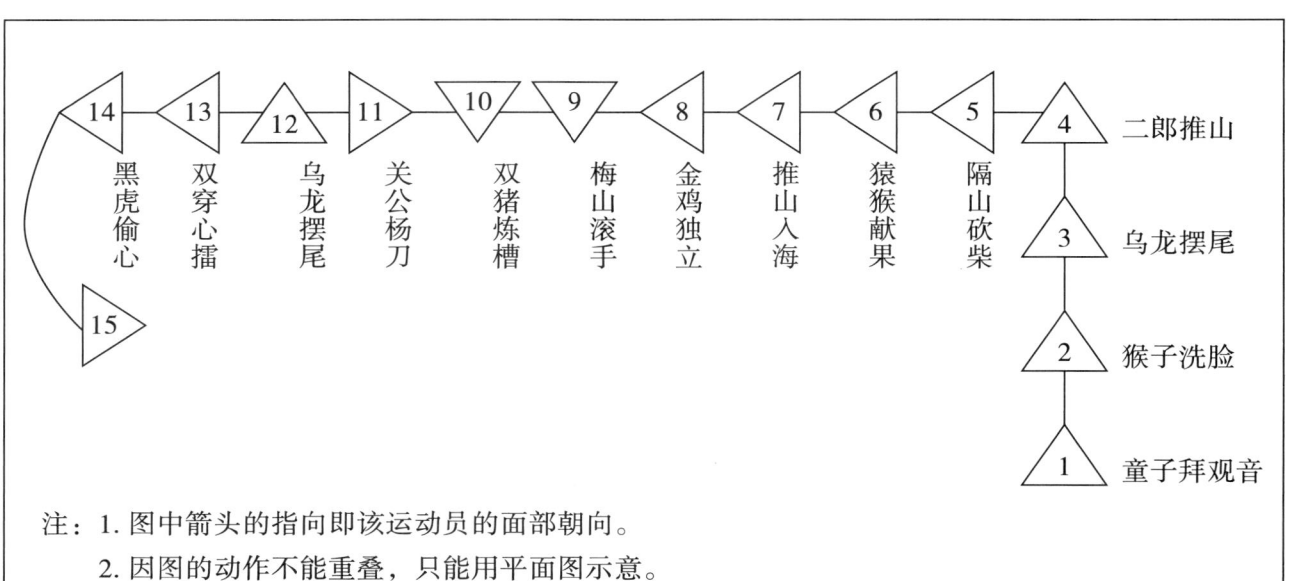

△1 童子拜观音
△2 猴子洗脸
△3 乌龙摆尾
△4 二郎推山
△5 隔山砍柴
△6 猿猴献果
△7 推山入海
△8 金鸡独立
△9 梅山滚手
△10 双猪炼槽
△11 关公扬刀
△12 乌龙摆尾
△13 双穿心捶
△14 黑虎偷心
△15

注：1. 图中箭头的指向即该运动员的面部朝向。
2. 因图的动作不能重叠，只能用平面图示意。

梅山太极拳四十六式动作路线示意图

第二段 动作路线示意图

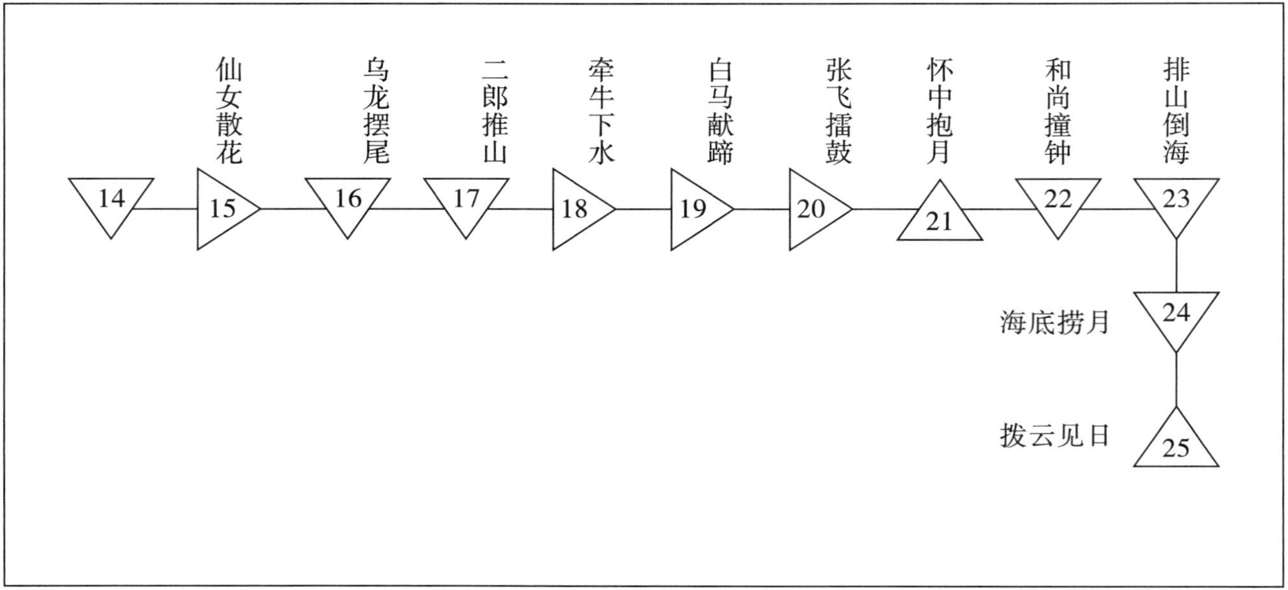

仙女散花　乌龙摆尾　二郎推山　牵牛下水　白马献蹄　张飞擂鼓　怀中抱月　和尚撞钟　排山倒海

14 — 15 — 16 — 17 — 18 — 19 — 20 — 21 — 22 — 23 — 24 — 25

海底捞月

拨云见日

梅山太极拳四十六式动作路线示意图

第三段 动作路线示意图

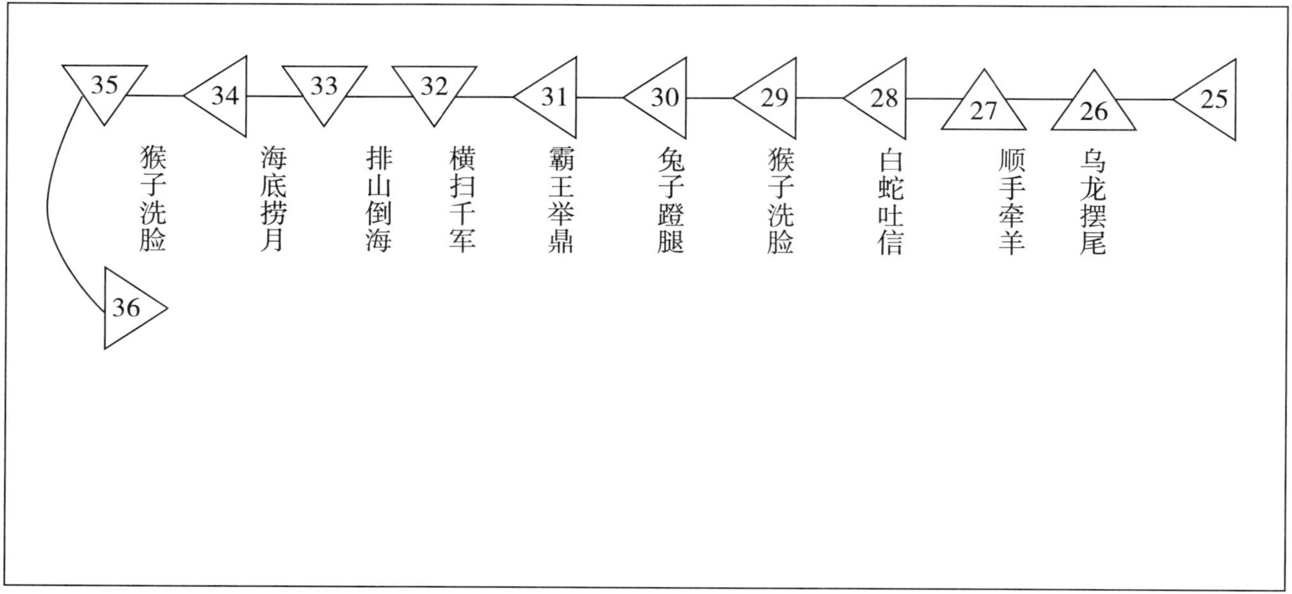

㉕ — ㉖乌龙摆尾 — ㉗顺手牵羊 — ㉘白蛇吐信 — ㉙猴子洗脸 — ㉚兔子蹬腿 — ㉛霸王举鼎 — ㉜横扫千军 — ㉝排山倒海 — ㉞海底捞月 — ㉟猴子洗脸 — ㊱

梅山太极拳四十六式动作路线示意图

第四段 动作路线示意图

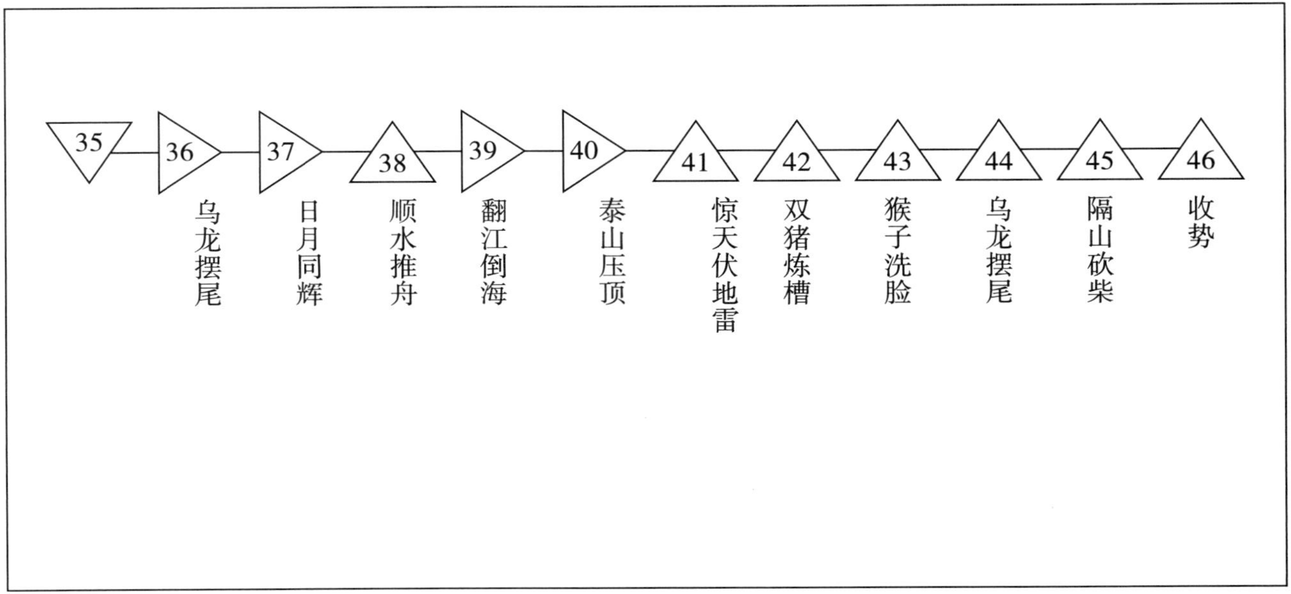

35 — 36 乌龙摆尾 — 37 日月同辉 — 38 顺水推舟 — 39 翻江倒海 — 40 泰山压顶 — 41 惊天伏地雷 — 42 双猪炼槽 — 43 猴子洗脸 — 44 乌龙摆尾 — 45 隔山砍柴 — 46 收势

第四章 梅山二十六式太极刀

第一节 梅山太极刀简介

梅山太极刀是以梅山太极拳身法、步法的要求和风范为标准,并结合梅山武术中的短器械刀术套路创编而成的。太极刀又称"单背剑",在外形上没有像大刀那样的宽刀面,其制形与倭刀相类似。梅山太极刀是一面刃,护手处是万字型,前护手可锁敌方兵器,是实战中的常规兵器,常用于战场作战,或用于拼杀、格斗,因此,梅山太极刀的演练风格更贴近实战,格架扫进,神出鬼没,劈、砍、撩、刺、拦、抹,威猛异常。在演练中,要求运动员有扎实的武术基础,不但要有逼人的气势和简明的节奏,更强调刀法的实用性,以及刀和手的相互配合,从而达到刀身、手法合一的境界。

一、梅山太极刀的特点

(一)刀如猛虎,实战性很强

梅山太极刀动作朴实,简练流畅,没有花架子,很注重实用性。一刀一势都很讲究脚踏实地,讲究一招一式干净利落,并注重内劲发度。古人云:"利刀之利,利在砍。"动作的快慢都要在一定的规定下进行。因此，梅山太极刀的每一招式，都需练习者从无数日夜的刻苦练习中才能求得。只有在名师的指导下刻苦练习，做到刀法规范、动作准确、劲力顺达、动作连贯，太极刀的韵味才能慢慢渗透出来，刀法的特有杀气才能显现出来。掌握好这些扎实的基本技术后，就要加强练习，了解梅山太极刀的攻防意识和技击含义。

（二）缠绕转圈，旋转变化

梅山太极刀法的精华之处就是转圈。刀谱云："太极刀法妙无穷，旋转变化身法中。"在行走中，主要是刀要配合身法、步法、手法画圈，一般为左右圈、上下圈、前后圈、大小圈等，同时还要与缠头裹脑配合，才能做到攻防兼备，发挥刀的威力。由此可见，刀法的妙用就在缠头裹脑转圈之中。

（三）刚柔相济，快慢兼施

从梅山太极刀的运势上看，其特点与梅山太极拳一样，刚柔相济、快慢兼施。其刀法有：砍刀、劈刀、撩刀、云刀、斩刀、抹刀、刺刀、挂刀、格刀、绞刀、缠刀、裹刀、扫刀、按刀、推刀、架刀、分刀、带刀、点刀等。这些刀法风格特点是发力快、气势逼人、柔中有刚。如刀法中的劈、砍、扫、刺等属进攻性的动作，刀速要快、力点要准，不能拖泥带水，这就是所谓的"刀如猛虎"。刀中的缠头、裹脑、挂、撩、格、绕背等动作属防守性动作，在使用刀法时应有攻、有防、有刚、有柔。比如劈刀，起动时慢柔，但落点时宜刚或快，没有起势时的柔，就没有落点时的刚。故此刀法中要刚中有柔，柔中有刚。正如《太极拳十大要论》云："用刚不可无柔，无柔环绕不速""用柔不可无刚，无刚催返不捷。"

二、如何练好梅山太极刀

（一）意念引导动作，正确调整心态

心，即指意念，是大脑的一种机能。神为主帅，身为驱使，心动意动，意动身随，只要心一静下来，大脑也就随之静下，思维放松，身体的每个部位就随之放松了，注意力也就集中了，动作也就上下一致，就能周身协调了。太极刀或太极剑的基本定势都是调心（意念）的产物，不管是哪派的太极刀和太极剑，都是历代武术先贤仿照大自然的事物而创编出相应的形象，并结合实战和健身形成的比较固定的刀型或剑型定势。比如五郎斩妖、七郎磨刀、翻身劈鬼、跃步追魂、关公扬刀等，都是意念、想象的产物，武术先贤通过意念活动，创编出具体的定势。可见太极刀或太极剑都是人之心录，即意念之物，每个动作都在调心，即在意念中实现。所以练好太极刀或太极剑的关键在于意念先行。

（二）灵活自如，松沉有劲

练习梅山太极刀时，强调周身松沉，运行敏捷灵活，进退圆转自如，身法、步法、刀法或剑法协调一致。如前文所述，只有每个动作都在意念引导下行动，才能使动作变得灵活自如、敏捷，使刚的动作不强硬，轻灵动作不漂浮。在意念的引导下，招式将更加灵活多变，速度、劲力随势而变，可快、可慢、可轻、可刚、可柔、可实、可虚，变幻莫测。还有对刀身、刀刃、刀尖、刀背要滚动运用，不可直来直往，不论练快、练慢都要以松圆为主。

（三）动作连贯，流畅顺达

在练习梅山太极刀的过程中，其动作不是孤立的，运刀、走步要连贯协调。一个动作完成后要为下一个动作留有惯力或借上一个动作的惯力来催发下个动作，使刀在运行中始终有一定惯性。这样舞起刀来才会顺达流畅，如此既能节省体力，又能为发力的动作积蓄力量。还有前文所述太极刀强调绕圈、转圈的特点。古人云"圆则顺"，指的就是梅山太极刀的舞花、旋转、翻身、缠头、裹脑等做圆周运动的动作，要顺达圆活，使刀能按惯性轨迹运行，既能实现刀法流畅，又能借惯力提升刀的速度和力度，从而增强刀的杀伤力。

（四）身法步法，上下一致

在前文对梅山太极拳的论述中讲到，身法的运转、步法的进退、发劲和周身的稳定、重心的转换和移动，以及步法脚所放的位置，主要靠腿和腰部去完成。俗话说，"其根在脚，发于腿，主宰于腰，形于手指"，可见腿部动作姿势的优劣，关系着周身姿势的正确与否，可以说是起着关键性作用。梅山太极刀的练习，身法最为重要，要做到身、刀、步法的高度协调统一。要通过多变的身法来带动刀的运动，以身体的运动来助力发劲，手足肩与刀同时转动。身体的每个关节，都应与刀法配合，身刀协调才能达到刀不离身的境界。如果身腰不活，肩肘僵硬，身法、步法、上下不一致，就不能形成整体活动，身刀也就无法协调，刀法也就难以施展开来。

循序渐进功夫长，日久自能闻真香。梅山太极刀的刀法训练很重要，它是学习好梅山太极刀的基础。我们的学习和训练要由浅到深、由慢到快，一招一式都要踏踏实实学习，力求紧凑严谨，方能使刀法达到神明境界。

第二节　动作名称

第一段

1. 童子拜佛（起势）
2. 梅王守阵（右弓步亮掌）
3. 乌龙摆尾（马步摆刀）
4. 仙道斩妖（弓步斩劈刀）
5. 哪吒闹海（并步下刺刀）
6. 张飞磨刀（左弓步推刀）
7. 推窗望月（骑龙步架刀）
8. 拨云见日（左右撩云刀）
9. 五郎出阵（右弓步刺、左虚步劈刀）
10. 翻身劈鬼（转身右弓步劈刀）
11. 跃步追魂（腾空上刺刀）
12. 古树盘根（右弓步藏刀）

第二段

13. 金龙戏水（右弓步勾手拉刀）
14. 开门迎客（虚步分刀）
15. 关公扬刀（撩刀弓步扫刀）
16. 金鸡报晓（提膝劈刀）
17. 仙道斩妖（弓步斩刀）

18. 白猴献果（骑龙步上架刀）
19. 白云盖顶（云刀马步斩刀）
20. 青龙出水（插步点刀）
21. 拨草寻蛇（插步摇刀）
22. 单刀直入（弓步下刺刀）
23. 关门闭户（骑龙步推掌）
24. 乌龙摆尾（马步摆刀）
25. 童子护心（马步立掌）
26. 收势（抱拳礼）

第三节　动作图解

第一段

一、童子拜佛（起势）

（1）两腿并拢，一身俱正，全身放松；左手持刀，两臂自然下垂于大腿两侧；头往上顶，下颌微收，舌尖轻抵上腭，意守丹田；目视前方。（图4-1）

图4-1

（2）两手从左右下方向胸前行持刀抱拳礼，左手持刀，右手立掌；目视前方。（图4-2）

图4-2

（3）两手从胸前下落，经胸腹前划一圈，落于两侧，右掌心向后，左手持刀掌心向内；目视前方。（图4-3）

图4-3

第四章 梅山二十六式太极刀

（4）两手从下往上抬起，向左右打开，左脚向左开步，身体略左转；目视左侧。（图4-4）

图4-4

（5）动作不停，身体继续左转，两腿屈膝成马步；两手继续从上落于胸前，右手立掌；左手持刀屈肘置于右肘下；目视前方。（图4-5）

要点：动作轻灵，上下相随，转体落步协调一致，马步落地，四平八稳。

图4-5

二、梅王守阵（右弓步亮掌）

（1）动作不停，两手交叉划弧向左右打开，随之右掌向前撩掌，掌心向上；左手持刀，刀把置于右臂上；右脚收回成右丁步；目视右手方向。（图4-6）

图4-6

（2）右脚向右侧跨步成右弓步；右手从右胸腹前向右后上方托起；左手持刀向左侧打开；目视左侧。（图4-7）

要点：支撑立稳，跨步落地与右手亮掌协调一致。

图4-7

三、乌龙摆尾（马步摆刀）

（1）身体重心移至右脚，左脚后抬；两手经上至左到右划一大圈，右手向右打开；目视刀身。（图4-8）

图4-8

（2）左脚向左侧跨步，脚跟先着地成马步；两手向左侧摆动，左手持刀在前，右手护掌在后；目视左侧。（图4-9）

要点：转体左脚落步与两手侧摆同时进行，马步平稳，左手持刀，肘关节微伸直。

图4-9

四、仙道斩妖（马步斩劈刀）

（1）右脚收回，成右丁步；两手打开；目视前方。（图4-10）

图4-10

（2）右脚向前上半步，离左脚跟半步；右手变拳，从怀中打出；左手持刀屈肘在后；目视右拳。（图4-11）

图4-11

（3）左脚向后插步，身体向左转；两手向上，右手接刀，左手打开；目视左手。（图4-12）

图4-12

（4）左脚左转成左弓步；右手持刀缠头架刀，左腋下藏刀；左手随缠头摆动，至头部左上方时亮掌；目视前方。（图4-13）

图4-13

（5）重心前移，成右弓步；右手持刀向前方劈扫；左手打开；目视刀尖。（图4-14）

（6）右脚收回成右丁步；右手持刀收回成托刀，刀刃向上；左手收回护于右腕部；目视右前方。（图4-15）

图4-14

图4-15

（7）右脚向前跨步，左脚随之跟上半步成马步；右手持刀向右前方刺刀；左掌向左后方打开；目视刀尖。（图4-16）

要点：接刀缠头退步与身体左转协调一致；裹脑并步在腰的带动下完成；马步斩劈时马步略大一点，四平大马；左开手与右斩劈一气呵成。

图4-16

五、哪吒闹海（并步下刺刀）

（1）右脚尖翘起，重心后坐；右手持刀收回，刀尖向上；左掌收回向上打开；目视前方。（图4-17）

图4-17

（2）重心前移，双脚成马步；右手与左手在胸前交叉，右手持刀在上，左掌在下；目视前方。（图4-18）

图4-18

（3）左脚向前跨步，左手持刀缠头，随即，右脚上步成左弓步横扫刀；目视前方。（图4-19）

图4-19

（4）左脚收回成左虚步；两手向左右两侧打开；目视前方。（图4-20）

图4-20

（5）右脚向前并步；右手持刀向前刺；左掌护在右肘部；目视刀尖。（图4-21）

要点：缠头转腰与上步刺刀在腰的转动下协调一致；分手收脚的过程是蓄力的过程，并步刺刀的过程是发劲、用意用气的过程。

图4-21

六、张飞磨刀（左弓步推刀）

（1）左脚上步成左弓步，右手持刀屈肘向左下侧拦刀，刀尖向上、向左、向前划一圈，在左臂的推动下，向左前推出，刀刃向前，刀尖向下；目视左前方。（图4-22）

图4-22

（2）重心略后移，右脚上步成右丁步；右手持刀向右后划半圈撩刀；左手向左前方打开；目视右前方。（图4-23）

图4-23

（3）右脚向右前方成右弓步；右手持刀从右至左划一圈；左手压在刀背上，向前推出；目视前方。（图4-24）

图4-24

（4）右脚向左后退步成马步；右手持刀由前向右压刀；左掌压于刀面上；目视刀尖。（图4-25）

图4-25

（5）左脚提起；右手持刀向左侧下防刀，刀尖向下；目视前方。（图4-26）

图4-26

（6）左脚向前落步成左弓步；右手持刀向前推刀；左手护在刀背上；目视前方。（图4-27）

要点：进步退步、上步撩、退步压刀与推刀动作上下相随、协调一致，眼随手到，步步紧随。

图4-27

七、推窗望月（骑龙步架刀）

（1）右手持刀从左向右后划一大半圈，架起；左手向下分开；身体重心略坐，左脚尖翘起；目视左手。（图4-28）

图4-28

（2）上动不停，右脚向前成右虚步；右手持刀从右后向上撩；左掌向左打开；目视刀尖。（图4-29）

图4-29

（3）右脚向右前方跨一步，左脚随之跟半步，成高骑龙步；右手持刀从左向右上方架刀；左掌护在右臂上；目视前方。（图4-30）

要点：手、眼、身法、步协调一致；随腰转动，带动手臂，眼随手到，注意力集中。

图4-30

八、拨云见日（左右撩云刀）

（1）重心后坐；右手持刀向右后方打开划半圈；左掌向左前方打开；目视右后方。（图4-31）

图4-31

（2）右手持刀由右后下方向左前方撩刀，刀刃向上；左掌架在左上方；目视刀身。（图4-32）

图4-32

（3）右手持刀从右前方向左后方划一大圈，至右前方反撩刀，刀刃向上；左手从左至右经头顶上划半圈护在右臂上；重心落于右脚，左脚跟离地；目视前方。（图4-33）

图4-33

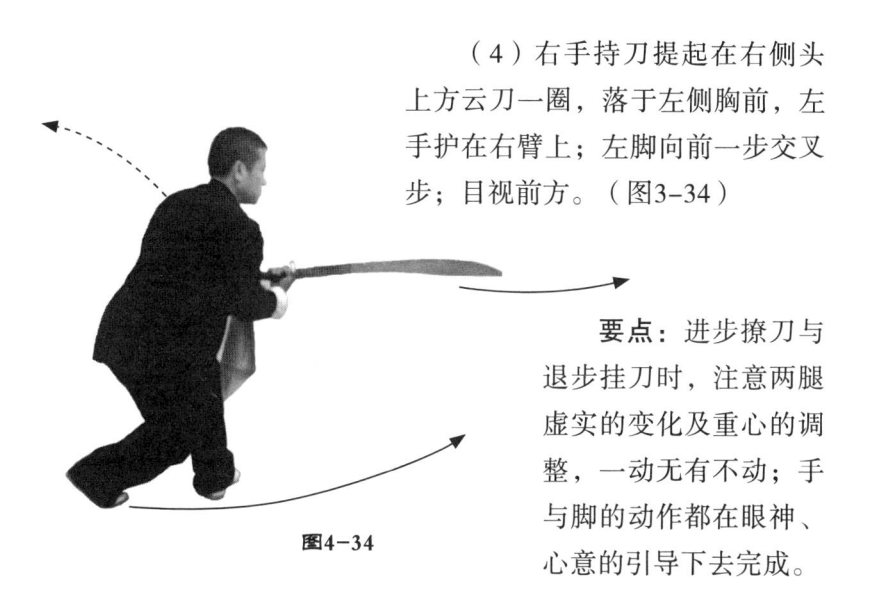

（4）右手持刀提起在右侧头上方云刀一圈，落于左侧胸前，左手护在右臂上；左脚向前一步交叉步；目视前方。（图3-34）

图4-34

要点：进步撩刀与退步挂刀时，注意两腿虚实的变化及重心的调整，一动无有不动；手与脚的动作都在眼神、心意的引导下去完成。

九、五郎出阵（左弓步刺刀、左虚步劈刀）

图4-35

（1）右脚上前一步成右弓步；右手持刀向前刺刀；左手向身体左后上方直臂打开；目视前方。（图4-35）

（2）身体右转，右手持刀向右后方平扫；左掌收回至左胸前；目视刀尖。（图4-36）

图4-36

（3）重心移至右脚，左脚向前上一步成左虚步；右手持刀向前斜扫；左手架于头部左上方；目视刀尖。（图4-37）

图4-37

要点：刺刀、托刀、收刀与步法协调一致，眼随手到，周身放松，动作上下相随，在势与势的交换中，要紧紧衔接，细心体会。

十、翻身劈鬼（转身右弓步劈刀）

（1）右脚向左后方插步；右手持刀做腕花；左手护在右臂上；目视刀尖。（图4-38）

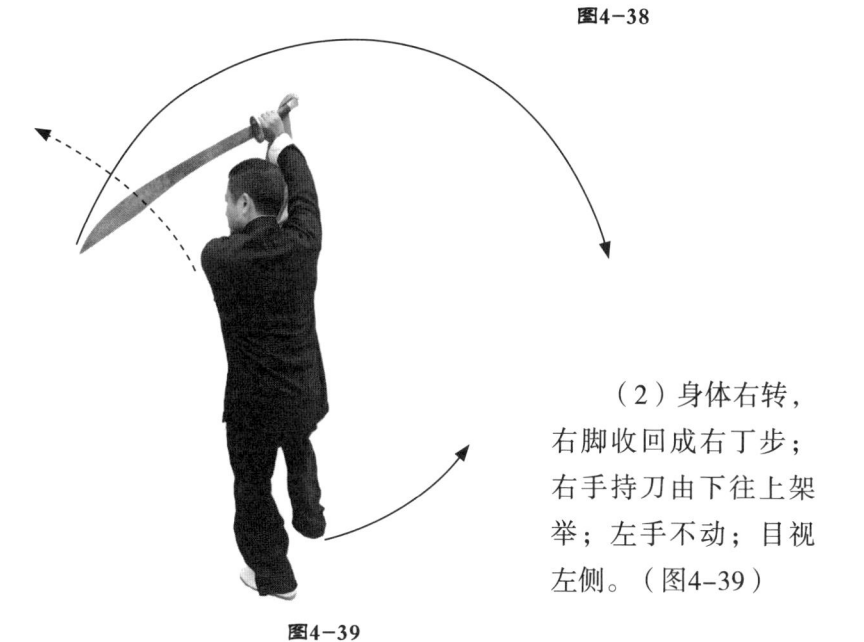

图4-38

图4-39

（2）身体右转，右脚收回成右丁步；右手持刀由下往上架举；左手不动；目视左侧。（图4-39）

（3）右脚上前一步成右弓步；右手持刀向前方劈刀；左掌上架；目视前方。（图4-40）

要点：插步转身与弓步劈刀时，上下相随，步法轻灵，转身轻巧，刀到、气到、力到、神到。

图4-40

十一、跃步追魂（腾空上刺刀）

（1）右脚收回半步，脚尖翘起；两手交叉，右手持刀在下，刀刃向左；左掌在上，掌心向下；目视前方。（图4-41）

图4-41

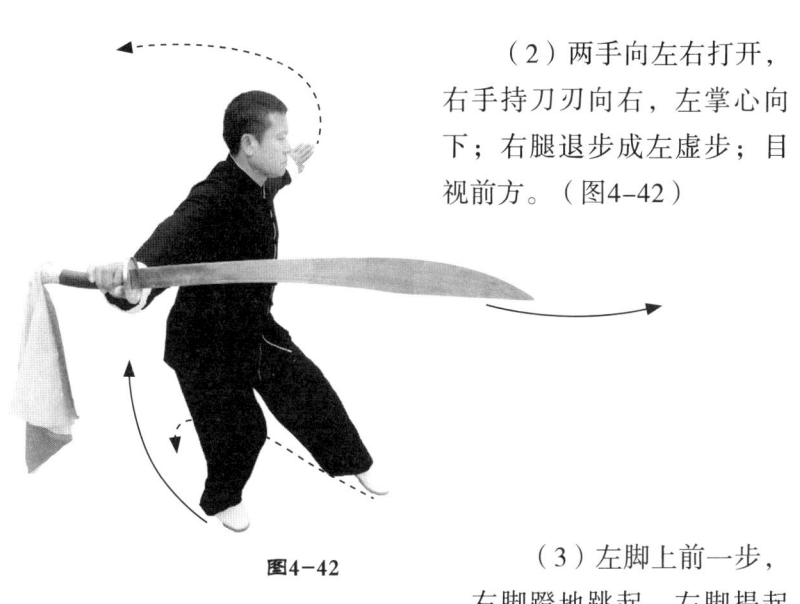

（2）两手向左右打开，右手持刀刃向右，左掌心向下；右腿退步成左虚步；目视前方。（图4-42）

图4-42

（3）左脚上前一步，右脚蹬地跳起，左脚提起后摆；右手持刀在空中刺刀；左手架于头上；目视刀尖。（图4-43）

要点：起步两腿用力，左腿摆起要高，右腿空中扣要快，跳起在空中要有停顿感，右手刺刀，力达刀尖。

图4-43

十二、古树盘根（右弓步藏刀）

（1）两腿从空中落地；右手持刀落于右肩上；左掌下按；目视前方。（图4-44）

图4-44

（2）身体左转；右手持刀缠头成左弓步斩刀；左手护在右手上；目视刀尖。（图4-45）

图4-45

（3）向右转体，两腿下蹲成马步；右手持刀裹脑上举于头部；左掌下压；目视前方。（图4-46）

图4-46

（4）右脚继续向右跨步，左脚跟上成并步；右手持刀向后拉；左手向前推掌；目视前方。（图4-47）

图4-47

（5）右脚继续向右跨步成马步；右手持刀往前刺；左掌护于右臂上；目视刀尖。（图4-48）

图4-48

（6）马步转为右弓步；右手持刀向后拉；左掌向前推；目视左手。（图4-49）

要点：腾空落地时要平稳，转体扫腿扫刀要协调一致，横裆步藏刀显示精气神。

图4-49

第二段

十三、金龙戏水（右弓步勾手拉刀）

（1）右弓步转为左弓步；右手持刀向左前方刺；左手收回，护在右臂上；目视刀尖。（图4-50）

图4-50

（2）左脚向右脚靠拢成左丁步；右手持刀上架，左手护在右臂上；目视前方。（图4-51）

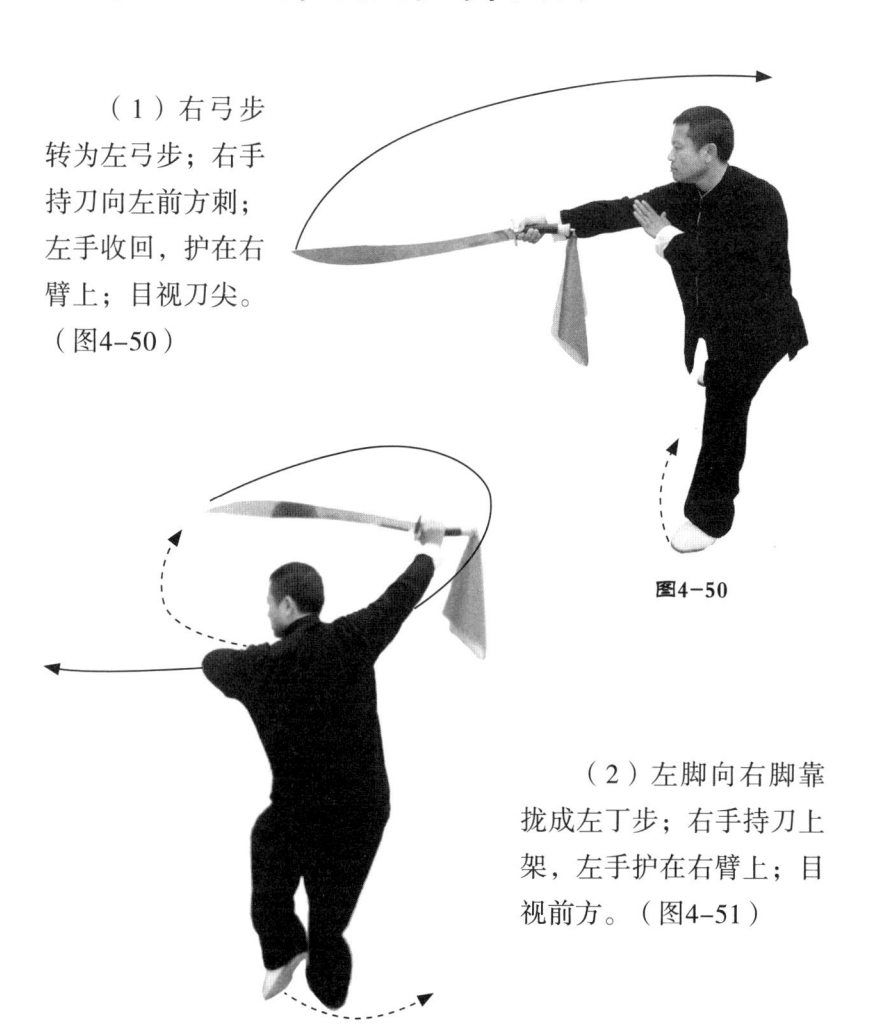

图4-51

（3）左脚向后退一步，成右虚步；右手持刀向右后划大圈撩刀，刀刃向前、向上；左掌上架；目视前方。（图4-52）

图4-52

（4）右脚向前上一步成右弓步；右手持刀由上往下划一圈，刀刃向上；左掌变勾向后拉；目视前方。（图4-53）

图4-53

十四、开门迎客（虚步分刀）

（1）弓步不变；右手持刀向前劈刀；左手勾变掌；目视刀尖。（图4-54）

图4-54

（2）右脚退于左脚后成左虚步；两手向左右打开；目视前方。（图4-55）

图4-55

（3）左脚提膝；右手持刀架于头部；左掌收回于右胸前；目视前方。（图4-56）

要点：运动中，手和脚的配合十分重要；退步上步，提膝分刀都要以腰带手、上下协调。

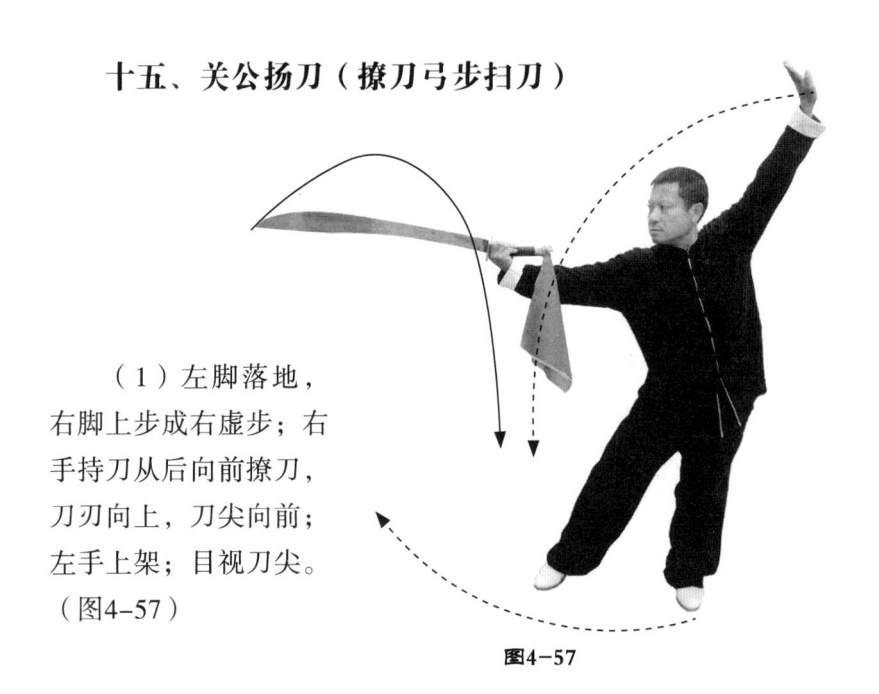

图4-56

十五、关公扬刀（撩刀弓步扫刀）

（1）左脚落地，右脚上步成右虚步；右手持刀从后向前撩刀，刀刃向上，刀尖向前；左手上架；目视刀尖。（图4-57）

图4-57

（2）左脚上步成左弓步；右手持刀从右至左划一圈，左手搭在刀背上，向前推出；目视前方。（图4-58）

图4-58

（3）左弓步转马步；右手持刀从左至右落于胸前；左手护在右手腕上；目视刀尖。（图4-59）

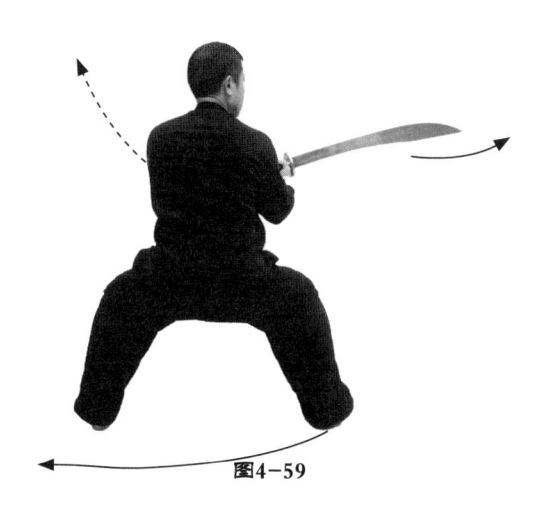

图4-59

（4）右脚向后插步；右手持刀向前刺刀；左手向后打开；目视刀尖。（图4-60）

图4-60

（5）左脚向左后退步成左弓步；右手持刀从右至左划一圈，向右前方扫刀，刀刃向下；目视刀尖。（图4-61）

要点：上步撩刀与进步推刀时应步法轻灵；展平扎刀时力达刀尖；弓步扫刀时，力达刀刃，动作连绵不断，腰肩松活；划圈时柔顺圆转。

图4-61

十六、金鸡报晓（提膝劈刀）

（1）身体左转；右手持刀从右至前划一圈撩刀，刀刃向上；左掌驾于头部；目视刀尖。（图4-62）

图4-62

（2）右脚上步成右弓步；右手持刀从右至左划一圈；左手护在右手腕上；目视前方。（图4-63）

图4-63

（3）左脚与右脚并步，膝关节微屈；右手持刀从右至左划半圈，向前刺刀；目视刀尖。（图4-64）

图4-64

（4）左脚上步成左弓步；右手持刀，从右至左划一圈，左手手背护在右刀背上，向前拦刀；目视前方。（图4-65）

图4-65

（5）右脚收回，成扣脚虚步；右手持刀向右前方劈刀；左手向左后打开；目视刀尖。（图4-66）

图4-66

（6）重心前移，左脚提起成独立步；右手持刀，从右前方向右后方划一圈，向前劈刀，刀刃向下；左手上架；目视刀尖。（图4-67）

要点：并步下刺刀转右外腕花时，手臂、手腕要放松，腕花要圆活；提膝与刺刀协调一致。

图4-67

十七、仙道斩妖（弓步斩刀）

（1）动作不停，左脚于左前方落地；右手持刀缠头；左手向左前方打开；目视前方。（图4-68）

图4-68

（2）向右转体，左脚向前一步成左弓步；右手持刀扫一圈停于左腋下；左手上架；目视前方。（图4-69）

图4-69

（3）左脚与右脚靠拢成半蹲步；右手持刀举于头上；左手向左下方打开；目视前方。（图4-70）

图4-70

（4）右脚向右前方跨步，成右弓步；右手持刀裹脑一圈向右侧平斩，刀刃向右；左手打开；目视刀尖。（图4-71）

要点：缠头裹脑时刀背紧贴人背，在腰的转动下做到动作轻巧、连绵不断，手到、眼到、精气神到。

图4-71

十八、白猴献果（骑龙步上架刀）

（1）重心移至左脚，仆步下蹲；右手持刀收回至胸前，刀刃向上，左手附于右腕；目视刀尖。（图4-72）

图4-72

（2）身体上起成左弓步；右手持刀从右侧向前下刺刀，刀尖向下；左手驾于头部；目视刀尖。（图4-73）

图4-73

（3）右脚向右前方上步成右虚步；右手持刀从右向右后划一圈，刀刃向上；左手上架；目视刀尖。（图4-74）

图4-74

（4）右脚向右前方跨步，左脚跟上成骑龙步；右手持刀上架，左手护在刀背上；目视前方。（图4-75）

要点：两手划圈时以腰为轴，退步进步以膝为轴，上下相随，内外合一，动作松柔、缓慢、顺势，意气随行，平心静气。

图4-75

十九、白云盖顶（云刀马步斩刀）

（1）上体略左转，两腿微屈，左脚尖提起；两手上举过头，右手持刀向左侧转，云刀一圈，刀刃向上；目视前方。（图4-76）

图4-76

（2）右脚向前跨一步成低马步；两手持刀向左下横扫；目视刀尖。（图4-77）

要点：举刀上步与云刀动作协调一致，马步扫刀力达刀尖。

图4-77

二十、青龙出水（插步点刀）

（1）向右转体，右脚略提起，脚尖点地，左腿稳住重心；两手持刀上举过头；目视左方。（图4-78）

图4-78

（2）重心移至右脚，左脚向后插步；右手持刀从前向右后点劈；目视刀尖。（图4-79）

要点：支撑腿必须站稳，腿与手协调一致。

图4-79

二十一、拨草寻蛇（插步摇刀）

（1）身体左转，右脚向右侧退步；右手持刀随身体左转上托刀；左手护在右臂上；目视前方。（图4-80）

图4-80

（2）重心移至右脚，左脚跟离地；右手持刀从左向右划一小圈向上格刀；目视前方。（图4-81）

图4-81

（3）右脚向后插步；右手持刀从右上向左下划一圈；目视刀尖。（图4-82）

图4-82

图4-83

（4）左脚向后退步成马步；右手持刀从左下向上向右划一圈后向右压刀；左手压在刀面上；目视刀尖。（图4-83）

（5）马步转左弓步；右手持刀向右侧刺刀；左掌向左后上方打开；目视刀尖。（图4-84）

要点：两手持刀划圈时要以腰带手，刀尖绕环划圈不能太大，退步与划圈协调一致。

图4-84

第四章 梅山二十六式太极刀

二十二、单刀直入（弓步下刺刀）

（1）右腿收回至左脚旁成右丁步；右手持刀向左侧收回托刀，刀刃向上；左手护在右手腕上；目视刀尖。（图4-85）

图4-85

（2）右脚向前进步成右弓步；右手持刀向前方刺刀；左掌向左后打开；目视前方。（图4-86）

要点：上步、退步、撩刀、转刀动作连贯，协调一致。

图4-86

二十三、关门闭户（骑龙步推掌）

（1）右弓步转左弓步；右手持刀向左侧斜劈；左手护在右腕上；目视刀尖。（图4-87）

图4-87

（2）左脚向右脚靠拢成并步；右手持刀向右侧上方举起；左掌向下插；目视前方。（图4-88）

图4-88

（3）右脚向右侧方退步，成左弓步；右手持刀向前方下劈；左手架于头上；目视刀尖。（图4-89）

图4-89

（4）左脚收回半步，身体向右转；右手持刀收于胸前，换左手握刀；目视左侧。（图4-90）

图4-90

（5）身体继续右转，左脚在前右脚在后；左手持刀，右掌上举；目视前方。（图4-91）

图4-91

（6）右脚向上摆起，以右掌击拍右脚背；目视前方。（图4-92）

图4-92

（7）身体继续右转，右脚落地，左脚向前上一步下蹲；右手向前方推出；目视前方。（图4-93）

要点：缠头裹脑时刀背靠紧自己的背，动作连贯，轻巧灵活；拍脚时要有空中停顿的感觉。

图4-93

二十四、乌龙摆尾（马步摆刀）

（1）身体站起，右腿支撑，左脚后抬；左手持刀收于胸前；右手向右后方摆开；目视前方。（图4-94）

图4-94

（2）左脚向左前方落步成马步；两手从右侧向左侧摆出，左手持刀在前，右手护在胸腹前；目视前方。（图4-95）

要点：右脚站立要稳，摆手与上步动作协调一致。

图4-95

二十五、童子护心（马步立掌）

左手持刀收于胸前，刀把向右，刀尖向左；右手经腹前向右划一圈于胸前立掌，掌心向左；目视右掌尖。（图4-96）

要点：马步站立要稳。

图4-96

二十六、收势（抱拳礼）

（1）向右转体，马步转左丁步；两手向左右打开再收于胸前，成持刀抱拳礼；目视前方。（图4-97）

图4-97

（2）身体转向前方；两手不动，继续行持刀抱拳礼；目视前方。（图4-98）

图4-98

（3）左脚退步；两手向左右打开；目视前方。（图4-99）

图4-99

（4）两手由两侧分别向前托起，再向下按，两臂内旋，掌心向下；右脚提起向右跨步屈膝；目视前方。（图4-100、图4-101）

图4-100 　　　　　　　　　图4-101

（5）两手自然下落于大腿两侧；目视前方。（图4-102）
（6）右脚向左脚靠拢成并步；目视前方。（图4-103）

图4-102 　　　　　　　　　图4-103

梅山太极拳

第四节 连续动作图谱

第1段

第四章 梅山二十六式太极刀

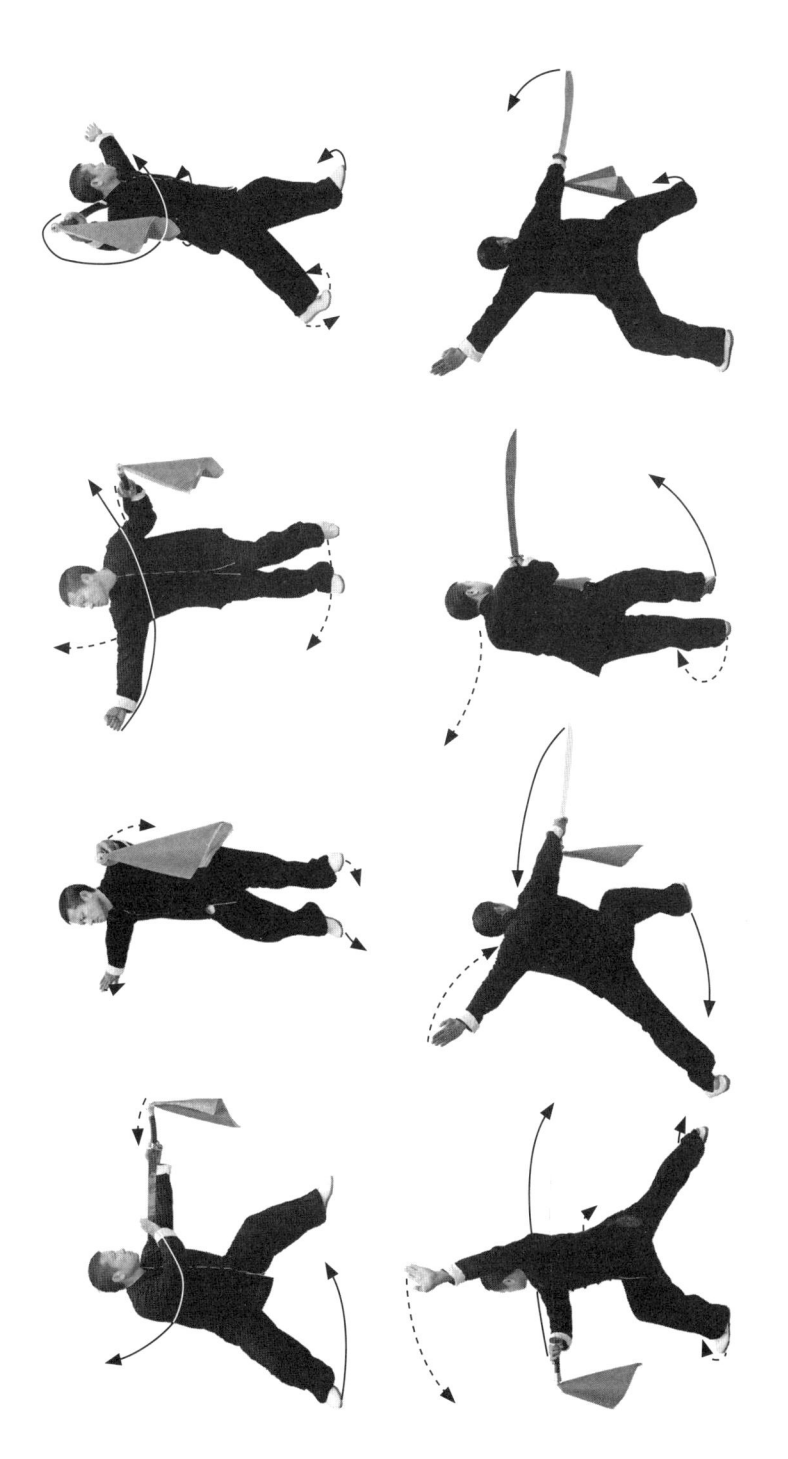

352

353

第四章　梅山二十六式太极刀

梅山太极拳

354

355

第四章 梅山二十六式太极刀

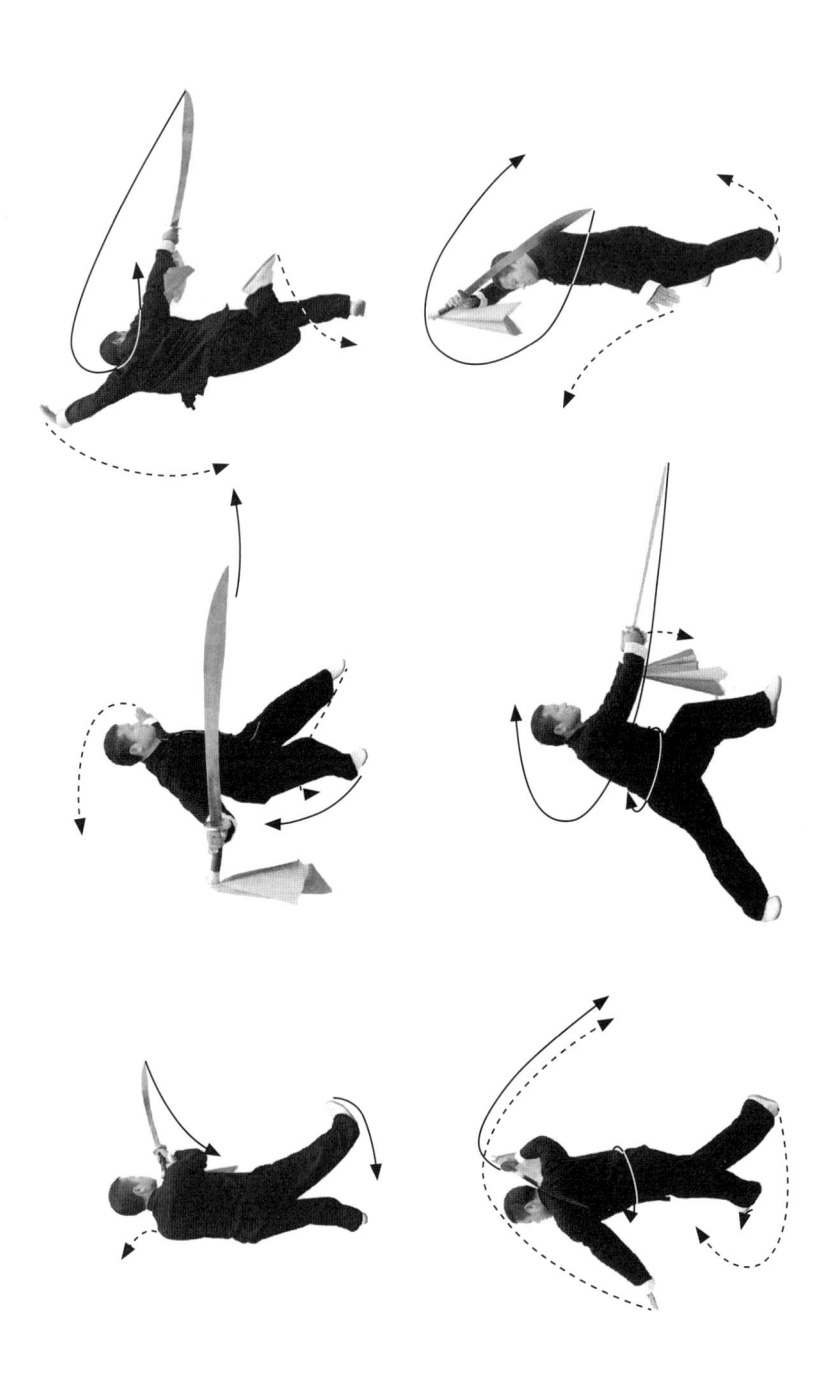

梅山太极拳

356

357

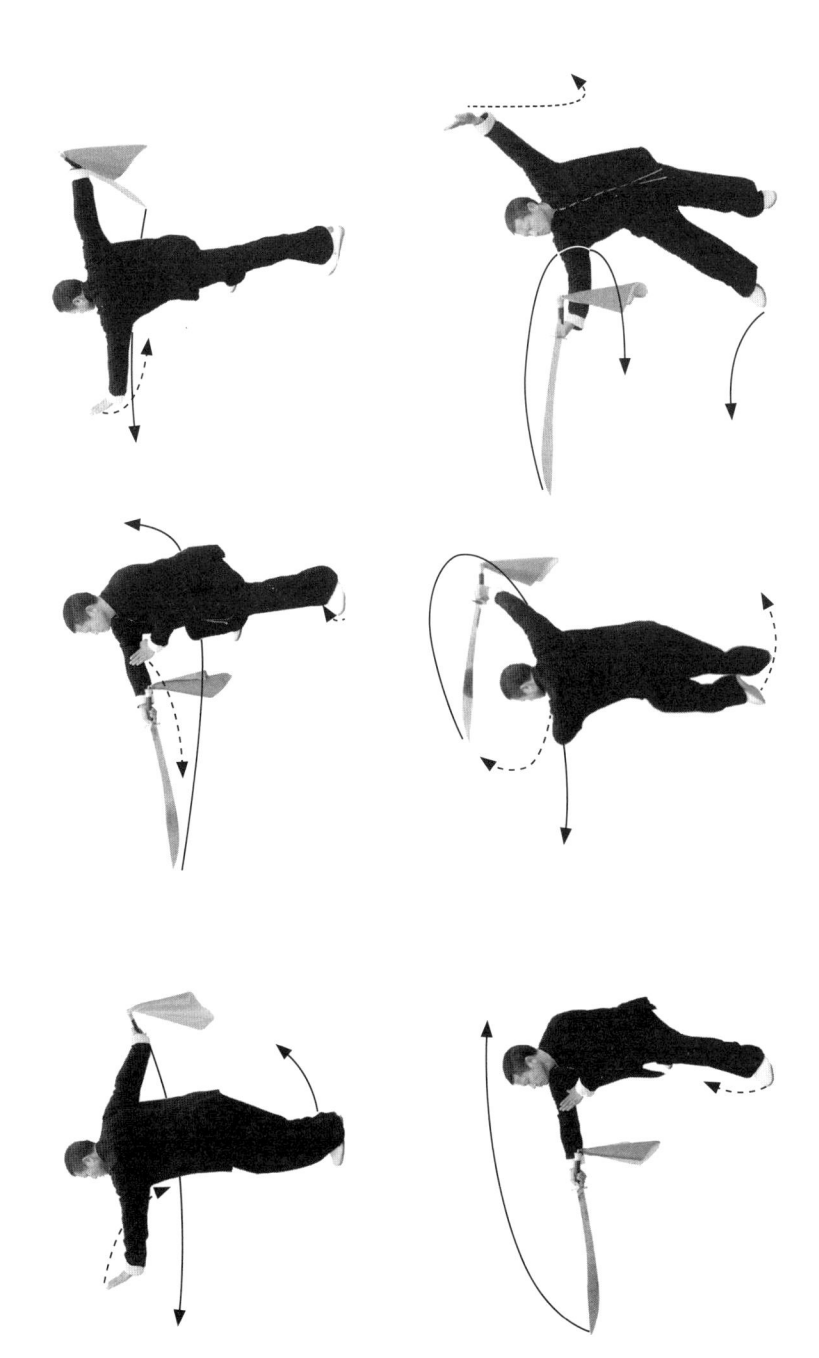

第四章 梅山二十六式太极刀

梅山太极拳

358

359

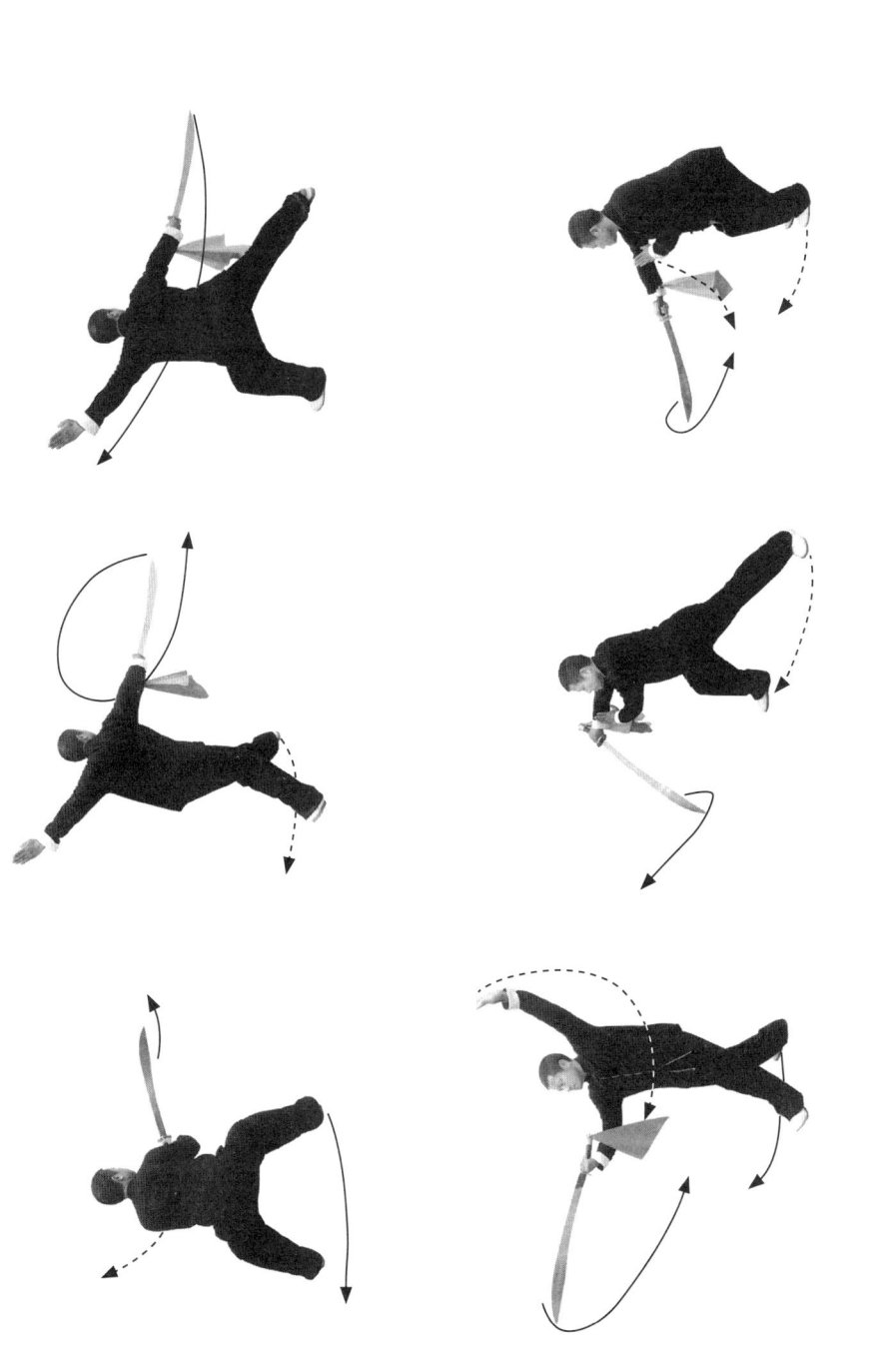

第四章 梅山二十六式太极刀

梅山太极拳

360

361

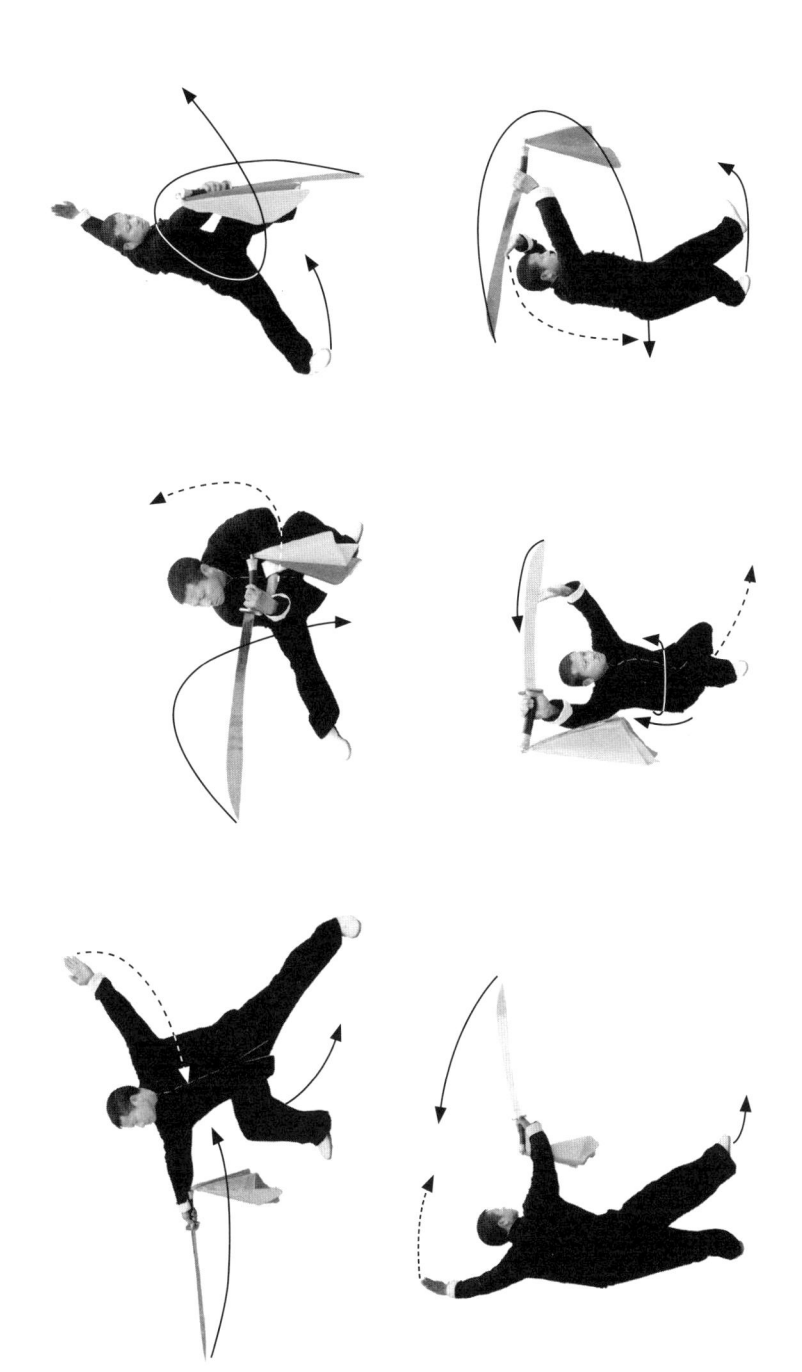

第四章 梅山二十六式太极刀

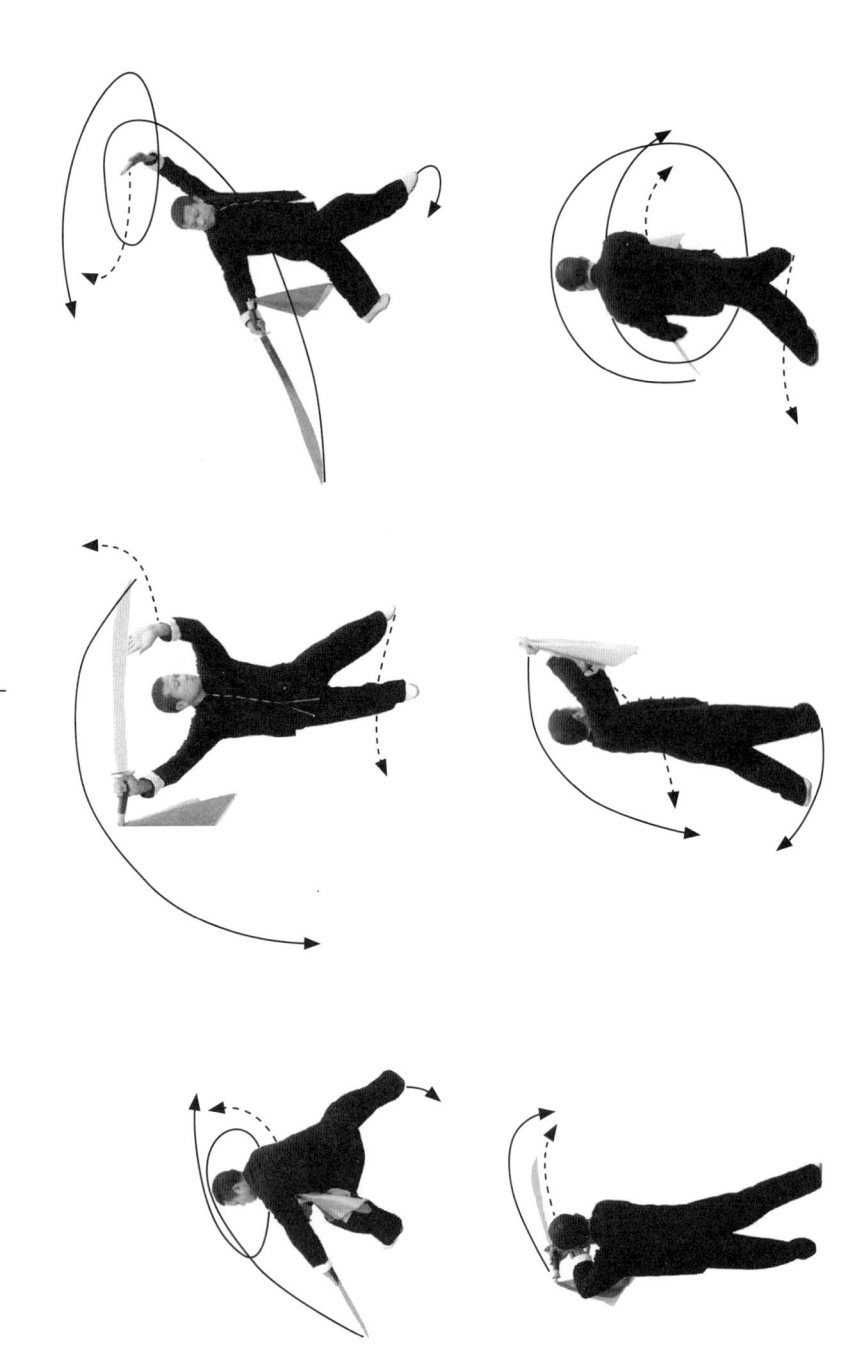

梅山太极拳

362

363

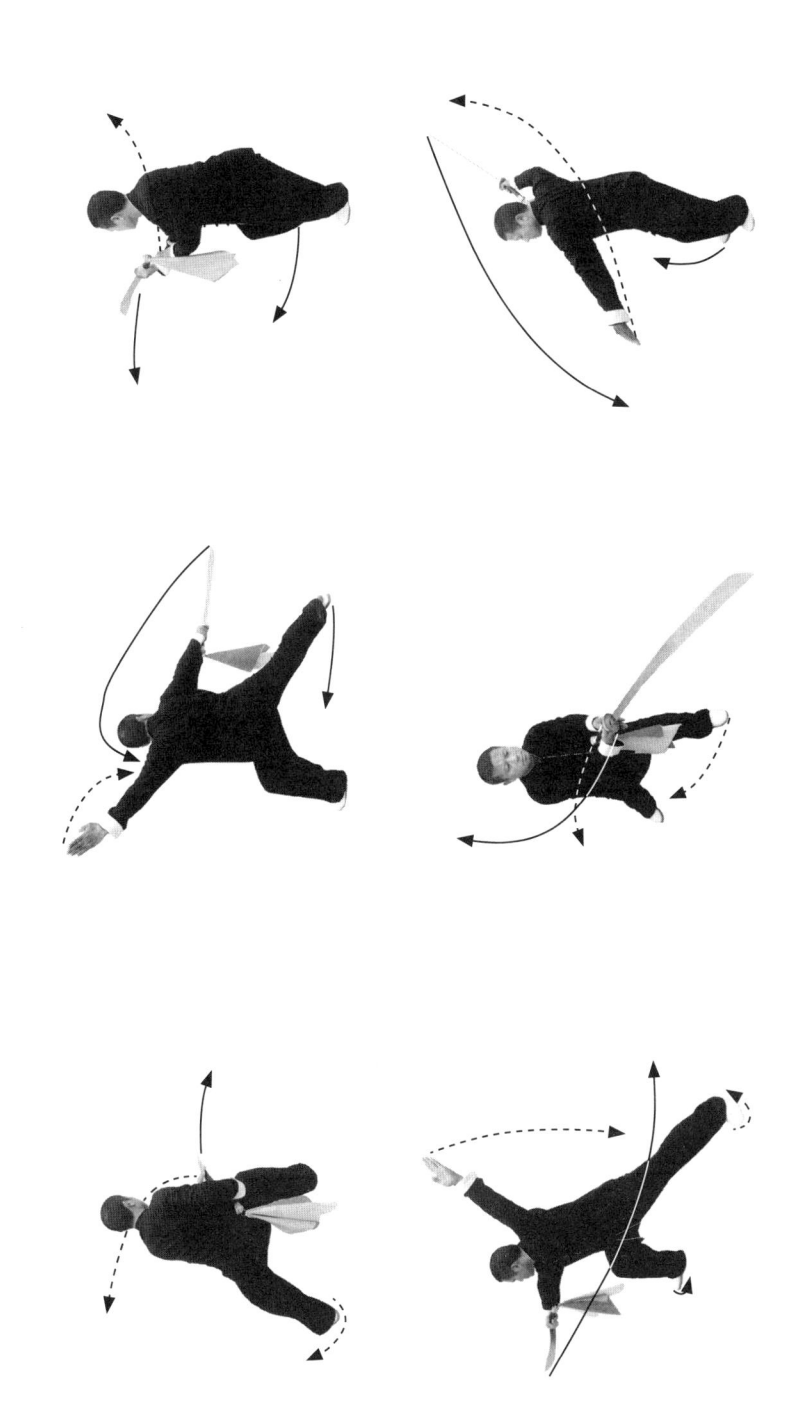

第四章　梅山二十六式太极刀

梅山太极拳

364

第四章 梅山二十六式太极刀

第五章
梅山三十八式太极剑

第一节 梅山太极剑简介

太极剑的产生大多是太极拳形成流派以后，在古代剑术的基础上分别吸收了其他剑术内容，改造发展而成的。太极剑和太极拳一样，都是合乎生理规律、轻松柔和的健身运动，对中枢神经系统能够起到良好的作用，能增强心血管与呼吸的功能，减少体内淤血、改善消化作用与新陈代谢过程。所以从医学的观点来看，太极剑是一种很好的养生保健方法。

一、梅山太极剑的风格特点

（一）神舒体静，内外相合

梅山太极剑与梅山太极拳一样，具有心静体松、神态自然、气意运身、重意不重力的特点。在姿势形态上要求立身中正安舒、头悬颈直、沉肩坠肘、含胸拔背、松腰，动作中要求意念引导、精神集中、动中求静、气沉丹田、呼吸自然。

（二）轻灵沉着，刚柔相济

梅山太极剑要求迈步如猫行、运劲如抽丝，在意念的引导下进行，强调劲力的内在表现，含而不露、柔中有刚、刚柔相济、轻灵沉稳。梅山太极剑有明显的发劲表现，如一些加速和跳跃动作，这些动作都刚中有柔，发力于腰腿，转接柔顺，在习练过程中应避免生硬的拙力出现。

（三）连贯灵活，连绵不断

梅山太极剑的动作连绵柔缓，其节奏平稳，运转灵活，动静相合，其风格动静分明、节奏强烈。

（四）剑法清楚，身剑协调

梅山太极剑要求剑法清楚、力点准确、动作规范，要准确地表现出各剑法的攻防含义。不仅如此，还要求具备姿势优美、潇洒飘逸、蓄发相间、灵活多变的特点。在演练中要做到身与剑合、剑与神合，从而使精神、身体与剑法协调一致，体现出"物我相合，天人合一"的道法真谛。

二、如何练好梅山太极剑

（一）四法熟练，打好武术基础

武术中的拳术是学习器械的基础，武术家们把手法、步法、身法、眼法称为剑术练习的"四要素"。只有将"四要素"熟练掌握贯通，才能与剑法相合，做到手、眼、身、法、步完整统一。

（二）想练结合，循序渐进

初学梅山太极剑，一招一式务必要求准确、动作规范，才能养成良好的动作习惯，循序渐进，先成形，再练精气神。

（三）形意兼备，内外相合

梅山太极剑是以意气为主导的剑术，通过意的引导和气力的结合来促进姿势和动作的协调自然，以此保证剑法的准确和神韵的传达。

第二节　动作名称

第一段

1. 起势
2. 提膝摆剑
3. 右弓步削剑
4. 独立分剑
5. 上步扣腿撩剑
6. 左横裆步劈剑
7. 转身马步刺剑
8. 震脚马步推剑
9. 横垫步马步压剑
10. 撩剑马步推剑
11. 震脚、双推、右弓步回扫剑
12. 右虚步斜劈剑

第二段

13. 左丁步架剑
14. 上步撩、扣腿扫剑
15. 提膝上举剑
16. 左右挂剑、插步按剑
17. 提膝劈剑

第三段

18. 撩腿震脚弓步刺剑
19. 退步分剑、并步刺剑

20. 三角步撩剑
21. 弧形步带剑下扫
22. 并步平刺剑
23. 转身右弓步劈剑
24. 扣腿撩剑、弓步藏剑

第四段

25. 右弓步削指
26. 戳靶跳步翻身、马步立指
27. 右弓步推剑
28. 盖步挑指
29. 拍脚云剑、左弓步劈剑
30. 虚步反撩剑
31. 双震脚劈剑
32. 蹬腿前刺剑
33. 跃步刺、弓步前刺
34. 右弓步拦劈剑
35. 左右挂剑下反刺
36. 转身右弓步削剑
37. 左弓步挑指
38. 收势

第三节 动作图解

第一段

一、起势

（1）两腿自然并拢，一身放松；左手持剑，两臂自然下垂于身体两侧，一体俱正，头微上顶，意守丹田；目视前方。（图5-1）

（2）两手往胸前持剑指行礼；目视前方。（图5-2）

（3）两手在胸前交叉，左手持剑在内，右手剑指在外；目视前方。（图5-3）

（4）左脚向左开步，两脚相距与肩同宽；两手从上向下分别向左右打开；目视前方。（图5-4）

图5-1

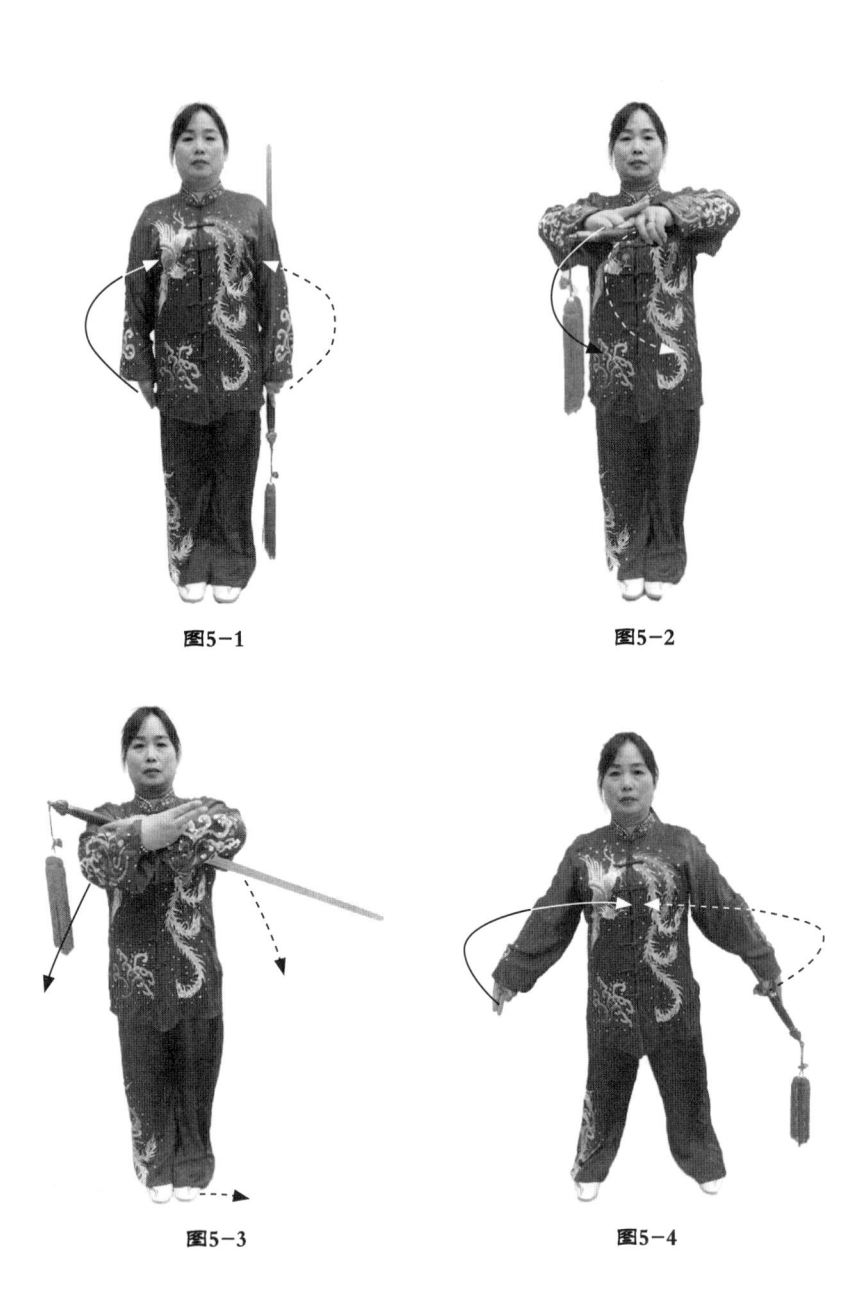

图5-2

图5-3

图5-4

要点：左脚开步要轻，每个关节必须放松，以腰带手完成每一个动作，上下动作协调一致。

二、提膝摆剑

（1）身体略左转；两手向中间收拢，右手立指在胸前，左手托于右肘下；目视前方。（图5-5）

图5-5

（2）左手持剑向左下穿；右手横指在胸前；目视左侧。（图5-6）

图5-6

（3）右脚向前成虚步；右手向下撩；左手握剑置于右臂上；目视前方。（图5-7）

图5-7

（4）右脚上步成右弓步；两手向左右打开，右手剑指上架，左手握剑往左前戳把；目视左前方。（图5-8）

图5-8

（5）两手从左侧向右划大圈再向前方摆出，左手持剑在前，右手剑指在后；左脚随之提膝；目视左手。（图5-9）

要点：出脚上步协调，动作规范到位，手脚配合一致，动作不要有停顿。

图5-9

三、右弓步削剑

（1）左脚向左前方落步成马步；两手从左侧向右划一圈落于左侧，左手持剑在前，右手剑指在后，护在左臂上；目视剑身。（图5-10）

图5-10

（2）重心前移，左脚尖外转，右脚向左脚靠拢，成右丁步；两手分开；目视前方。（图5-11）

图5-11

（3）两手相合，左手持剑在上，右手剑指在下；目视前方。（图5-12）

图5-12

（4）右脚向右侧跨一大步；右手接剑向右上方削出；左手剑指向左侧分开；目视剑身。（图5-13）

要点：接剑与跨步动作协调一致，右手削剑，力达剑尖。

图5-13

四、独立分剑

（1）两手在胸前交叉，左手在上，右手持剑在下；两腿转为马步；目视前方。（图5-14）

图5-14

（2）左腿提膝；两手分别向左右分开；目视前方。（图5-15）

要点：两手交叉和分开在腰的带动下完成；右腿支撑要站稳，不能有丝毫摇动。

图5-15

五、上步扣脚撩剑

（1）重心略降，左脚向左前方落下，脚跟着地；右手持剑上举；左剑指护在右胸前；目视前方。（图5-16）

图5-16

（2）重心移至右脚，成半蹲步，左脚收回扣至右腿腘窝处；右手持剑向前撩剑；左手剑指上架于左侧头上；目视剑尖。（图5-17）

要点：动作眼随手到，绵绵不断，扣腿平稳，撩剑时身体略后仰。

图5-17

六、左横裆步劈剑

（1）左脚跟向左落地；右手持剑不动；左手剑指护在右胸前；目视剑身。（图5-18）

图5-18

（2）重心移至左脚，成左横裆步；右手持剑向左侧前方劈剑；左手剑指从右向左架于左侧头上；目视剑尖。（图5-19）

要点：左落地与右劈剑协调一致，左弓步规范，动作招式清楚。

图5-19

七、转身马步刺剑

（1）右手剑略上提；左手剑指略下压；重心移至右脚；目视左前方。（图5-20）

图5-20

（2）重心左移，右脚收回成右丁步；两手在胸前交叉成丁步劈剑；目视前方。（图5-21）

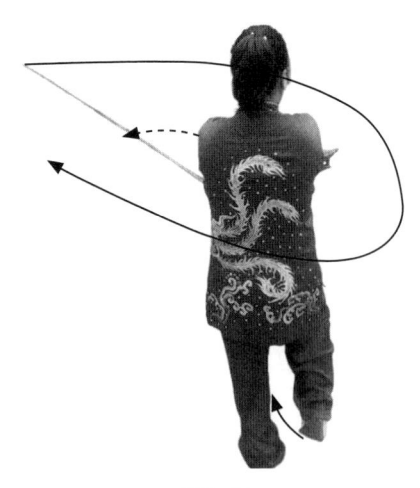

图5-21

（3）右脚向前落步，身体右转，左脚扣于右腿腘窝处；两手向左右打开；目视前方。（图5-22）

图5-22

（4）左脚向左侧跨步成马步；右手持剑向右前方平刺剑；左手从左至胸前划一圈架于左侧上部；目视剑尖。（图5-23）

要点：转身扣腿平稳，马步落地要稳；力达剑尖，力到、气到、神到、意到。

图5-23

第五章 梅山三十八式太极剑

八、震脚马步推剑

（1）右手持剑收回至腹前，剑尖从右下至左下划一圈，剑尖向左下；左手剑指下落扶于右前臂处；两腿马步略起；目视剑尖。（图5-24）

图5-24

（2）右手持剑屈肘，剑尖向上立起；左剑指护在右臂上；右腿提膝向右转体；目视剑身。（图5-25）

图5-25

（3）右脚落于左脚旁，震脚，随即左腿提膝；右手持剑，剑尖朝上；目视左侧。（图5-26）

图5-26

（4）动作不停，左脚向左侧开步成马步；右手持剑向右侧推剑，剑尖朝上；目视剑身。（图5-27）

要点：此式剑尖划圈轻灵；提剑、提脚需协调一致；落地震脚，气下沉；开步推剑一呵而成。

图5-27

九、横垫步马步压剑

（1）接上动作，向右转体，左脚向右脚靠拢，成并步，两膝半蹲；右手持剑从左至右划平圈；目视前方。（图5-28）

图5-28

（2）随之右脚向右横跨一步成马步；右手持剑在胸前再划半圈，向下压剑，剑刃朝左右；左手剑指上架；目视前方。（图5-29）

要点：开步、并步轻起轻落，转剑划圈以腰带手，马步四平八稳，心气合一。

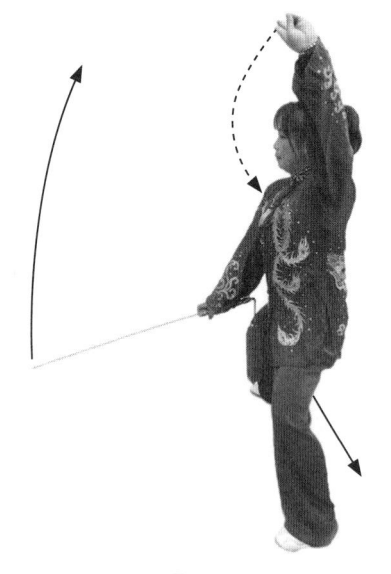

图5-29

十、撩剑马步推剑

（1）接上动作，右脚向右退步成左虚步；右手持剑上举，剑尖朝上；左手剑指从右臂向下向前横拦指；目视前方。（图5-30）

图5-30

（2）随之左脚向后退一步，两腿略站起成右高虚步；右手持剑向右后至右前划一大圈撩剑；左手剑指前向左后架起；目视剑尖。（图5-31）

图5-31

（3）右剑尖向前挑起，右手屈肘收回，剑尖朝上；左手剑指护在右手臂上；右脚收回成右丁步；目视前方。（图5-32）

图5-32

（4）右手持剑从右上向左方下落经胸腹前划一大圈至身体右侧，剑尖朝上；左手剑指打开于身体左侧；右脚向右前方跨步成马步推剑；目视剑身。（图5-33）

要点：右脚向前开步时松胯；右手推剑时，腰、肩、肘依次松开，力达手腕、上下协调。

图5-33

十一、震脚、双推、右弓步回扫剑

（1）接上动作，马步不变，在腰的带动下向左侧转；右手持剑，剑尖朝上；左手剑指移向身体左侧；目视剑身。（图5-34）

图5-34

（2）随之左脚收回成左丁步；右手持剑收回，剑尖朝上；左剑指护在右手腕部；目视剑身。（图5-35）

图5-35

（3）左脚向左前跨一步，右脚随之跟上，成并步震脚。两手向左前方推出，剑尖朝上；两腿半蹲；目视前方。（图5-36）

（4）向右转体，右脚向右侧进一步，成右弓步；右手持剑向右侧扫出；左手剑指向左侧打开；目视剑尖。（图5-37）

图5-36

要点：转剑、收脚和上步震脚要在腰的转动下进行，体正，呼吸自然，眼随手到，协调一致。

图5-37

十二、右虚步斜劈剑

（1）接上动，右脚收回与左脚靠拢成右丁步；右手持剑收回于胸前，剑刃朝上托剑，左手剑指护于右腕部；目视剑尖。（图5-38）

图5-38

（2）重心落至左脚，向右转体，右脚尖随转体在地面划一圈；右手持剑，剑尖往下拦一圈，剑尖朝下；左手剑指架于头顶；目视剑尖。（图5-39）

图5-39

（3）随之重心落至右脚，左脚向左前方上步成左虚步；右手持剑向右前方斜劈；目视剑尖。（图5-40）

要点：收脚托剑、下拦剑和斜劈剑要上下相随，三种不同的剑法要体现清楚，动作协调一致。

图5-40

第二段

十三、左丁步架剑

（1）向左转体，左脚向后抬起；右手持剑上架于头顶后方，剑尖朝前，左手剑指向前打开；目视前方。（图5-41）

图5-41

（2）左脚落地，右脚上前一步成右虚步；右手持剑由右后方向前划一大圈，向前方撩剑，左手剑指上架于头顶左侧；目视剑尖。（图5-42）

图5-42

（3）向右转体，右脚向右前方跨步，左脚随之跟步成左丁步；右手持剑从右侧至左划一圈，撩架于右侧头顶后方，左手护在右臂上；目视前方。（图5-43）

要点： 上步撩剑在腰的转动下完成，动作连绵不断，有飘逸感，上下协调一致。

图5-43

十四、上步撩、扣腿扫剑

（1）向左转体，右脚上前一步成右高虚步，右手持剑从右后至右前撩剑，左手剑指上架于左侧头顶上方；目视前方。（图5-44）

图5-44

（2）身体继续左转，重心落于两脚成马步；右手持剑从右至左划半圈，剑尖向左前方扫剑；左手剑指从上至下落于右臂上成交叉式；目视剑尖。（图5-45）

图5-45

（3）重心移至右脚，左脚扣于右腿腘窝处；右手持剑，向右方平扫，剑尖朝右；左手剑指向左侧打开；目视剑尖。（图5-46）

要点：扣腿要稳，扫剑力达剑尖。

图5-46

十五、提膝上举剑

（1）左脚落地成马步；右手持剑向左带回，剑尖朝下；左手剑指向左打开；目视剑尖。（图5-47）

图5-47

（2）随之身体右转，左脚提膝；右手持剑上举；左手剑指护于胸前；目视前方。（图5-48）

要点：转体带剑时，动作要协调一致，提膝上举时右脚站立要稳。

图5-48

十六、左右挂剑、插步按剑

（1）左脚自左前方落步，上体向左拧转；右手持剑向左侧下方挂剑，剑尖朝后；左手剑指与右手交叉；目视左侧。（图5-49）

图5-49

（2）向右转体，右脚上步成右弓步；右手持剑从左至右挂剑，左手剑指向左前方打开；目视剑尖。（图5-50）

图5-50

（3）左脚向左前方上步，右脚随之向左脚后方插步；右手持剑向左侧下按，左手剑指护在右手腕上；目视左侧。（图5-51）

图5-51

（4）身体右转，成左高虚步；右手持剑从左至右上反撩架于头顶上方；左手剑指向前；目视剑指。（图5-52）

要点：左右挂剑绕圈要圆，上步、插步、按剑动作要协调。

图5-52

十七、提膝劈剑

（1）接上动，身体右转，右脚收回成右丁步；右手持剑做右侧腕花，剑尖朝下；左手剑指护在右手腕上；目视剑尖。（图5-53）

图5-53

（2）右脚上步，左腿提膝；右手持剑从右前至右后划一圈成提膝劈剑；左手剑指上架于头顶上方；目视剑尖。（图5-54）

要点：上步提膝要稳，劈剑与剑指上架动作协调一致。

图5-54

第三段

十八、撩腿震脚弓步刺剑

（1）接上动，身体左转，左脚落于右脚后；右手持剑从右至左上举，剑尖朝左；左手剑指护在右臂前；目视前方。（图5-55）

图5-55

（2）身体继续左转，右脚在前成右高虚步；右手持剑向左前方撩剑，剑尖朝右；左手剑指护在右腕上；目视右前方。（图5-56）

图5-56

（3）身体右转，右脚尖向右转；右手持剑，从左至右反撩剑尖斜向下；左手剑指护在右手臂上；目视前方。（图5-57）

图5-57

（4）左脚向前一步重心落于两脚；右手持剑，从前向后打开，剑尖落于右后下方；左手剑指向左打开；目视前方。（图5-58）

图5-58

（5）左脚支撑，右腿向上撩起；右手持剑从后向前撩剑，与腿平行；目视剑尖。（图5-59）

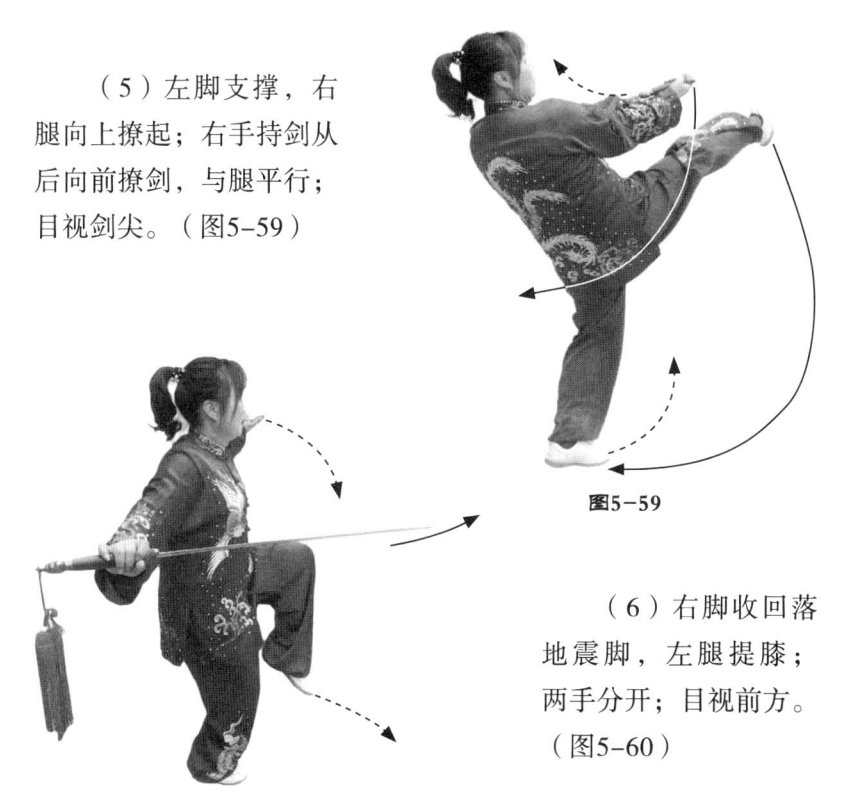

图5-59

（6）右脚收回落地震脚，左腿提膝；两手分开；目视前方。（图5-60）

图5-60

（7）左脚向前方落地成左弓步；右手持剑向前刺剑，左手剑指护在右腕下；目视剑尖。（图5-61）

要点：撩腿与撩剑同时进行，要有空中停顿感；震脚气下沉；刺剑力达剑尖。

图5-61

十九、退步分剑、并步刺剑

（1）接上动，左脚向右脚并步；两手略回收；目视前方。（图5-62）

图5-62

（2）随之重心落至右脚，左脚上步成左虚步；两手向左右打开；目视前方。（图5-63）

图5-63

（3）腿部动作不变；两手在胸前相合，右手持剑在上，左手剑指在下；目视前方。（图5-64）

图5-64

（4）右脚上步成右虚步；两手向左右打开；目视前方。（图5-65）

图5-65

（5）右脚上前半步，左脚跟上并步震脚；右手持剑向前刺剑，左手剑指护在右手下；目视剑尖。（图5-66）

要点：震脚时气下沉在右脚，刺剑力达剑尖。

图5-66

二十、三角步撩剑

（1）重心落于右脚，左脚跟离地，脚尖点地成左丁步；右手持剑上架，剑尖朝前；左手剑指护在右腋下；目视左前方。（图5-67）

图5-67

（2）左脚上前一步，脚尖翘起；右手持剑上架；左手剑指向左前方打开；目视剑指。（图5-68）

图5-68

（3）右脚向左侧盖步，两腿交叉身体随之左转；手部动作不变；目视剑指。（图5-69）

图5-69

（4）身体左转，左腿屈膝成左弓步；右手持剑从上至下向右前方撩剑，剑尖朝右；目视剑尖。（图5-70）

图5-70

（5）向右转体，左脚回收后退一步成左丁步；右手持剑，剑从左至右上反撩半圈，上架于头顶；左手剑指护在右腋下；目视前方。（图5-71）

要点：走三角步要在腰的带动下，步伐轻巧灵活，撩剑反撩划圆连绵不断。

图5-71

二十一、弧形步带剑下扫

（1）左脚上步，脚跟先落地；两手动作不变；目视前方。（图5-72）

图5-72

（2）右脚继续上前一步；两手动作不变；目视前方。（图5-73）

图5-73

（3）左脚继续向前一步；两手动作不变；目视前方。（图5-74）

图5-74

（4）右脚继续向前一步，身体右转；右手持剑向右前方撩剑，剑尖向前；左手剑指打开架于头顶上方；目视剑尖。（图5-75）

图5-75

（5）重心移至右脚，左脚向右脚后插步；右手持剑从右前方至左上方划圈向右上方扫剑，剑尖朝上；左手剑指上架；目视剑尖。（图5-76）

要点：整个动作要在腰的带动下，步法轻灵，手上的带剑动作要飘洒，上下动作协调一致。

图5-76

二十二、并步平刺剑

（1）接上动，右脚向右退步成左高弓步；右手持剑从右下经上划半圈，左手剑指不变；目视剑尖。（图5-77）

图5-77

（2）左腿屈膝成左弓步；右手持剑向前方成劈剑；左手剑指不变；目视剑尖。（图5-78）

图5-78

（3）右脚提膝扣脚；右手持剑向下拦剑；左手剑指护在右臂上；目视剑尖。（图5-79）

图5-79

（4）右脚提膝不变；右手持剑从下往上托剑，剑尖朝右；左手剑指护在右手腕处；目视剑尖。（图5-80）

图5-80

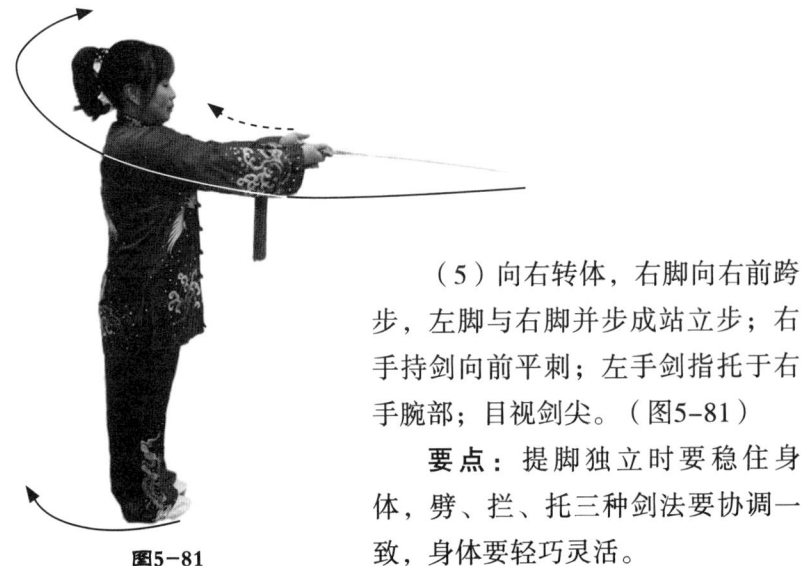

图5-81

（5）向右转体，右脚向右前跨步，左脚与右脚并步成站立步；右手持剑向前平刺；左手剑指托于右手腕部；目视剑尖。（图5-81）

要点：提脚独立时要稳住身体，劈、拦、托三种剑法要协调一致，身体要轻巧灵活。

二十三、转身右弓步劈剑

（1）接上动，身体右转，右脚向右后退步，脚尖外转；右手握剑上架，剑尖朝左；左手剑指向左侧拉开；目视剑指。（图5-82）

图5-82

（2）身体右转，右腿屈膝成右弓步；右手持剑向右侧劈剑，左手剑指上架；目视剑尖。（图5-83）

要点：退步与右弓步劈剑要协调一致，步法规范到位。

图5-83

二十四、扣腿撩剑、弓步藏剑

（1）右脚收回，左腿支撑成右丁步；右手持剑收回托剑，左手剑指护在右手腕部，剑尖朝右；目视前方。（图5-84）

图5-84

（2）右脚向右后退一步，向右转体，左脚跟提起脚尖点地成高虚步；右手持剑从左向右上架，剑尖朝左下；左手剑指护在右胸腹前；目视前方。（图5-85）

图5-85

（3）重心移至左腿，右脚扣于左腿腘窝处；右手持剑从上至下，向右前方撩剑；左手剑指于身体左侧打开；目视剑尖。（图5-86）

图5-86

（4）右脚向右后横跨一步，成右横裆步；右手持剑从上至左下落于腹前，剑尖朝左；左手剑指压护在右手腕部；目视左侧。（图5-87）

要点：收腿托剑与扣腿撩要协调一致，跨步藏剑显示精、气、神。

图5-87

第四段

二十五、右弓步削指

（1）重心移至两腿成马步；左手接剑，剑尖朝后，两手向左右打开；目视前方。（图5-88）

图5-88

（2）重心移至左腿，右脚收回成右丁步；两手收回在胸前交叉，左手持剑在上，右手剑指在下，成抱球式；目视前方。（图5-89）

图5-89

（3）随之右脚向右跨步成右弓步；右手剑指向右上方削出，掌指朝上；左手持剑向左分开，剑柄朝左；目视剑指。（图5-90）

要点：收脚、开脚与剑指相合，要在腰的带动下完成，手到意到。

图5-90

二十六、戳把跳步翻身、马步立指

（1）重心移至左腿，右脚收回脚尖点地成右丁步；左手剑柄下压于腹前；右手剑指落于胸前；目视前方。（图5-91）

图5-91

（2）向右转体，右脚向前进一步，左脚落于右脚后，脚尖点地成左丁步；左手持剑向左前方戳把；右手剑指上架于头右侧；目视剑把。（图5-92）

图5-92

（3）左脚蹬地起跳，向左转体，两脚落地成马步；左手持剑后背，剑尖朝上；右手剑指立于胸前；目视前方。（图5-93）

要点：上摆手与纵身跳协调一致，跳步后脚落地要稳，马步要平坐。

图5-93

二十七、右弓步推剑

（1）身体略左转，重心移至左腿；右手剑指，随左转向左格指，左手持剑靠背不变；目视剑指。（图5-94）

图5-94

（2）重心右移成右弓步；左手持剑向右前方格手，右手剑指附于左腕；目视左手。（图5-95）

图5-95

（3）重心移至左腿；右手剑指向左带扫；左手持剑收于右臂下方；目视剑指。（图5-96）

图5-96

（4）重心继续右移至右腿成右弓步；左手持剑向前推出，剑尖朝左；右手剑指回收至腰间；目视前方。（图5-97）

要点：左右格指要在腰的转动下完成，左推剑与右弓步协调一致。

图5-97

二十八、盖步挑指

（1）重心移至左腿成左弓步；右手剑指向左侧插指；左手持剑收于右手下，两手背相贴于胸前；目视前方。（图5-98）

图5-98

（2）重心右移；两手向左右打开；目视前方。（图5-99）

图5-99

（3）左脚上前盖步；右手剑指向前挑指，左手持剑横于左侧，剑尖朝后；目视前方。（图5-100）

要点：右手划圈是小圈，与左脚盖步要协调一致，同时上步要稳，重心要稳，身体以腰为轴，两手以肩为轴。

图5-100

二十九、拍脚云剑、左弓步劈剑

（1）左腿支撑，右腿向上摆起，脚尖绷紧；右手剑指变掌击响右脚背；左手持剑落于左腿前；目视前方。（图5-101）

图5-101

（2）右腿收回，扣于左腿腘窝处；右手接剑；目视左侧。（图5-102）

图5-102

（3）向右转体，右脚向右前上步，左脚跟步，两脚并步站立；右手持剑从左至右，云剑一圈；左手剑指护在右臂上；目视前方。（图5-103）

图5-103

（4）左脚向左跨步成左弓步；右手持剑，向前方劈剑，左手剑指上架于头部；目视前方。（图5-104）

要点：右拍脚击响，脚尖落地要轻，右手接剑与上步转身协调一致，劈剑力达剑点。

图5-104

三十、虚步反撩剑

（1）右脚向左脚后插半步；右手持剑，从右至左划一圈，落在胸前；左手剑指与右手交叉；目视前方。（图5-105）

图5-105

（2）身体右转，重心移至右腿，左脚尖点地成左虚步；右手持剑，从左至右划一圈上架于头顶；左手剑指护在右侧胸前；目视前方。（图5-106）

图5-106

（3）左脚尖向右脚移动半步，右腿支撑不变；右手持剑，从右后向前反撩；左手剑指上架于头顶；目视剑尖。（图5-107）

要点：提剑、合剑与转体反撩要协调一致，内外合一，轻灵圆活，眼随手到。

图5-107

三十一、双震脚劈剑

（1）向右转体，左脚向右前上半步，右脚跟上并步震脚；右手持剑从前向右拦剑，剑尖朝下；左手剑挡附于右臂；目视剑把。（图5-108）

图5-108

（2）向右转体，右脚向右后退一步，左脚跟步并步震脚；右手持剑上架于头顶，左手剑指护于右胸前；目视左前方。（图5-109）

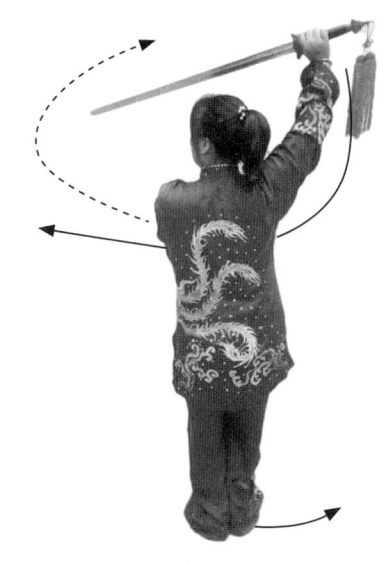

图5-109

（3）向左转体，左脚退步，右脚尖点地成右虚步；右手持剑从后向前撩剑，左手剑指上架于头顶；目视前方。（图5-110）

图5-110

（4）左腿支撑，右腿提起；右手持剑上抬；左手剑指护在右手；目视前方。（图5-111）

图5-111

（5）右脚落地，两脚同时起跳双震脚；右手持剑向下劈剑，左手剑指护于右臂；目视前方。（图5-112）

要点：拦、架、劈三剑连接协调，震脚落地时气下沉，转身时手和脚配合一致，气力到点，一呵而成。

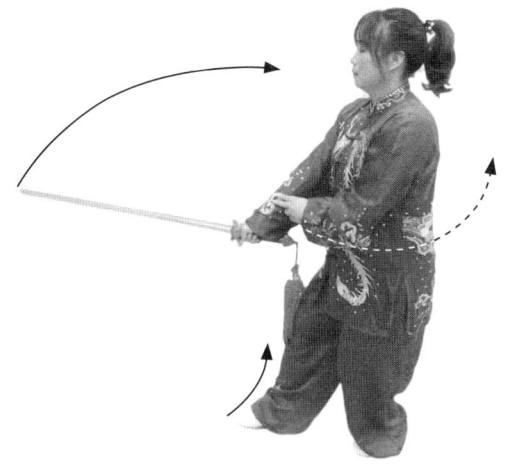

图5-112

三十二、蹬腿前刺剑

（1）左腿支撑，右腿提膝，脚尖向下；两手向左右打开，右手持剑，剑尖朝前；右脚提膝；目视前方。（图5-113）

图5-113

（2）接上动，右脚向前方蹬出，脚尖翘起；同时，两手抱剑收回后，再往前刺剑；目视前方。（图5-114）

图5-114

（3）随之右脚向前落步，左脚向后摆起；两手持剑向前刺剑；目视剑尖。（图5-115）

要点：收剑与收脚同时进行，蹬腿与刺剑要协调一致，蹬腿时力到脚跟，刺剑时力达剑尖，支撑腿站稳平衡。

图5-115

三十三、跃步刺、弓步前刺

（1）左脚向前方落地，脚尖点地成高虚步；两手向左右分开；目视前方。（图5-116）

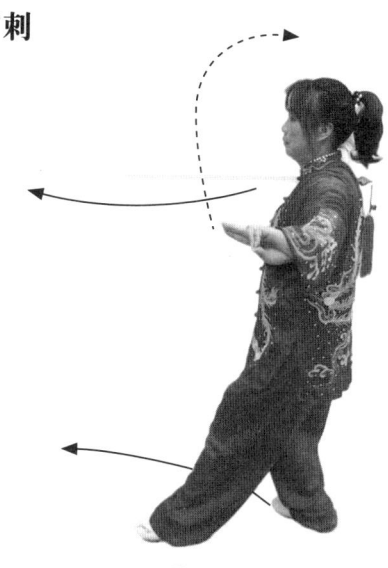

图5-116

（2）随之身体跃起，右脚向前一步成右弓步；右手持剑向前刺剑，左手剑指上架于头顶左侧；目视前方。（图5-117）

要点：右蹬腿力达右脚跟，前刺与摆手动作协调，上步和平刺上下配合一致。

图5-117

三十四、右弓步拦劈剑

（1）右弓步不变；右手持剑经头顶从右至左划一圈，成右弓步拦剑，左手剑指护于右臂；目视前方。（图5-118）

图5-118

（2）右腿支撑，左腿提膝；右手持剑由左至右转腕成提膝劈剑；左手剑指不变；目视前方。（图5-119）

图5-119

（3）左腿向后落步，右腿屈膝成右弓步；右手持剑向前拦剑，剑尖朝下；左手剑指不变；目视前方。（图5-120）

要点：收剑拦剑时轻起轻落，提脚劈剑时重心平稳，退步拦剑时脚与剑配合协调。

图5-120

三十五、左右挂剑下反刺

（1）重心左移；右手持剑从右至左挂剑，剑尖朝左；左手剑指护于右臂上；目视前方。（图5-121）

图5-121

图5-122

（2）身体略右转；右手持剑从左至右挂剑，剑尖朝后；左手剑指向左上打开；目视前方。（图5-122）

（3）重心前移，右腿支撑，左腿后摆；右手持剑立起，剑尖斜朝上；左手剑指向左侧打开；目视前方。（图5-123）

（4）左脚向前落步成左弓步；右手持剑从右后方向前方刺剑，剑尖朝下；左手剑指上架于头顶左侧；目视剑柄。（图5-124）

图5-123

（正）　　（反）

图5-124

要点：左右挂剑要在腰的转动下挂圆，上步与反刺上下协调，重心平稳，眼随手到。

三十六、转身右弓步削剑

（1）重心移至右腿成右弓步；右手持剑上抬；左手剑指向左侧打开；目视前方。（图5-125）

图5-125

（2）重心移至左腿，右手持剑从上至下，立剑于腹前；左手剑指护于右手腕上，右脚收回成右丁步；目视前方。（图5-126）

图5-126

（3）右脚向右斜方上步，成右弓步；右手持剑向右侧斜削剑；左手剑指向左侧打开；目视剑尖。（图5-127）

要点：转身收剑与弓步捎剑协调一致。

图5-127

三十七、左弓步挑指

（1）重心移至两腿成马步；右手持剑收回，上架于头顶右侧；左手剑指不变；目视前方。（图5-128）

图5-128

（2）马步不变；右手持剑，落在胸前；左手剑指附于剑上；目视前方。（图5-129）

（正） （反）

图5-129

（3）左腿支撑，右腿提膝，脚尖向下；左手接剑向左侧下压；右手剑指向上穿指；目视前方。（图5-130）

图5-130

（4）右脚向后落步，左腿屈膝前弓成左弓步；右手剑指向前方臂出；左手持剑向左侧横把推剑，两手交叉，左手在上，右手在下；目视前方。（图5-131）

图5-131

（5）左弓步不变，右手剑指向右后方挑指；左手持剑屈肘拉开；目视剑指。（图5-132）

要点：右手换剑、右剑指上穿与落地推指要协调一致。

图5-132

三十八、收势

（1）身体右转，右腿支撑，左脚提起，扣于右腿腘窝处；左手持剑横于胸前；右手剑指向右打开；目视剑指。（5-133）

图5-133

（2）左脚向左前方落步成马步；两手向左前方摆出，左手持剑，剑尖朝下，右手剑指护于左臂上；目视左方。（图5-134）

图5-134

（3）左脚收回成左丁步；两手向右侧摆出，右手剑指压于左手背；目视前方。（图5-135）

图5-135

（4）回正；两手回收于胸前持剑抱拳；目视前方。（图5-136）

图5-136

（5）左脚退一步成右虚步；两手向左右打开；目视前方。（图5-137）

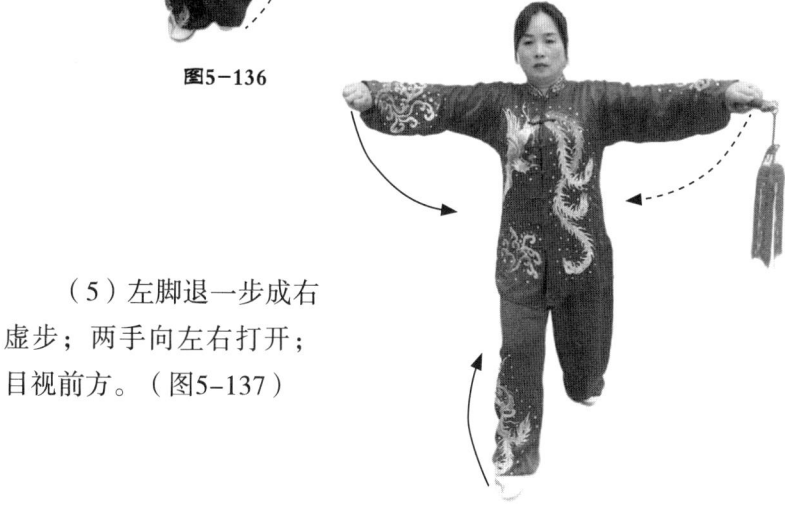

图5-137

（6）左腿支撑，右腿提起；两手从两侧向上、向前托起；目视前方。（图5-138）

图5-138

（7）右脚下落与左脚平行；两手落于两侧；目视前方。（图5-139）

图5-139

（8）左脚向右脚靠拢成并步；目视前方。（图5-140）

图5-140

第四节 连续动作图谱

第一路

第五章 梅山三十八式太极剑

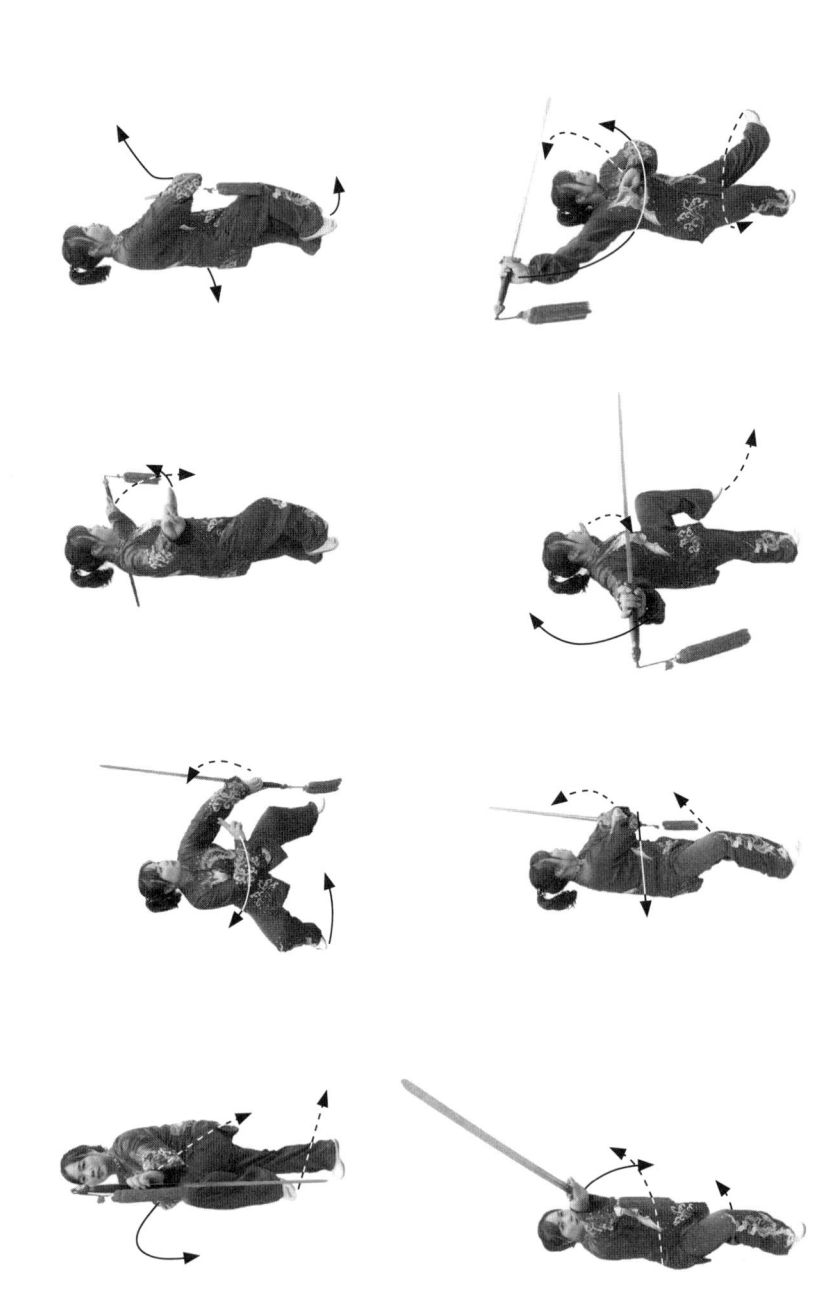

梅山太极拳

436

第五章　梅山三十八式太极剑

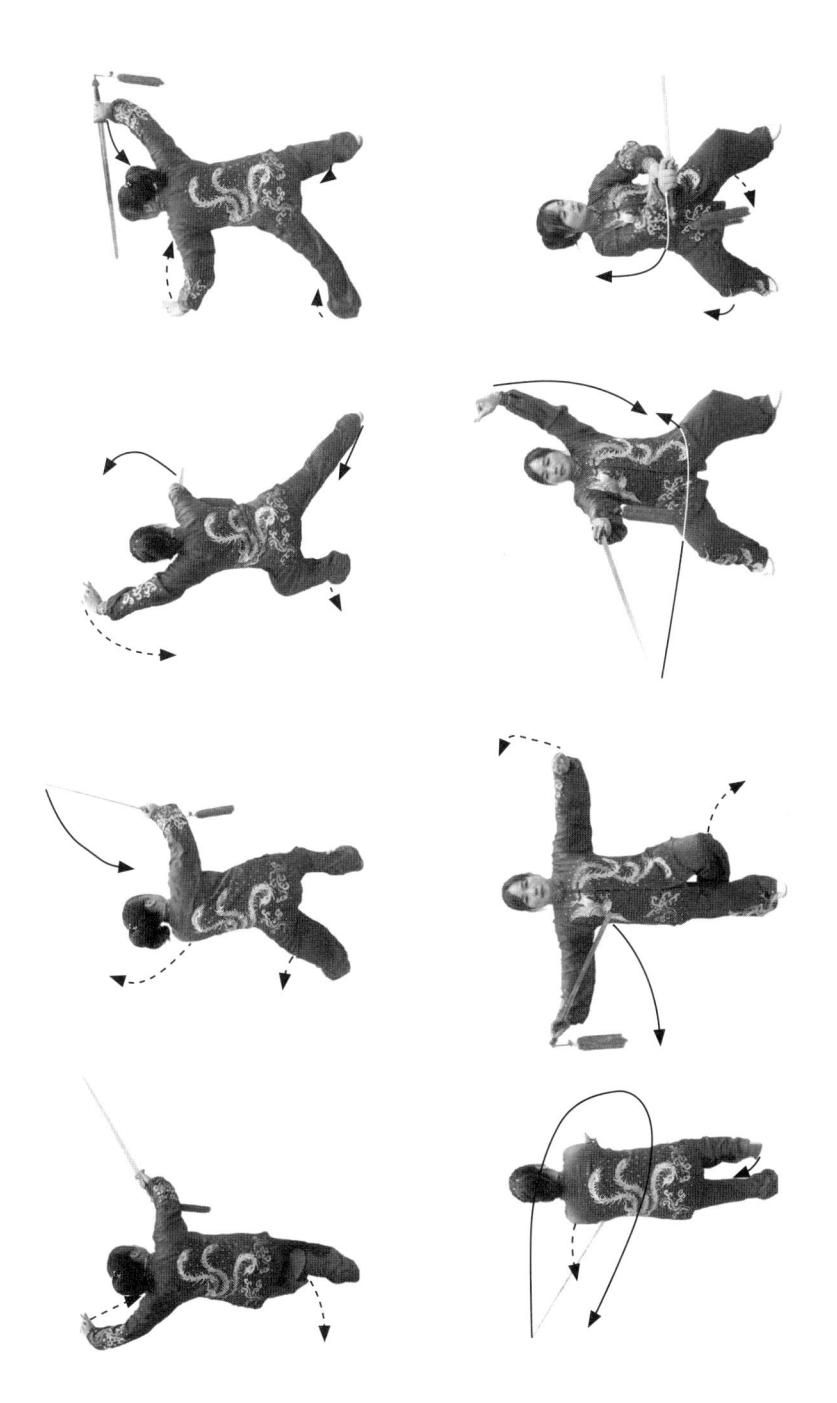

梅山太极拳

438

439

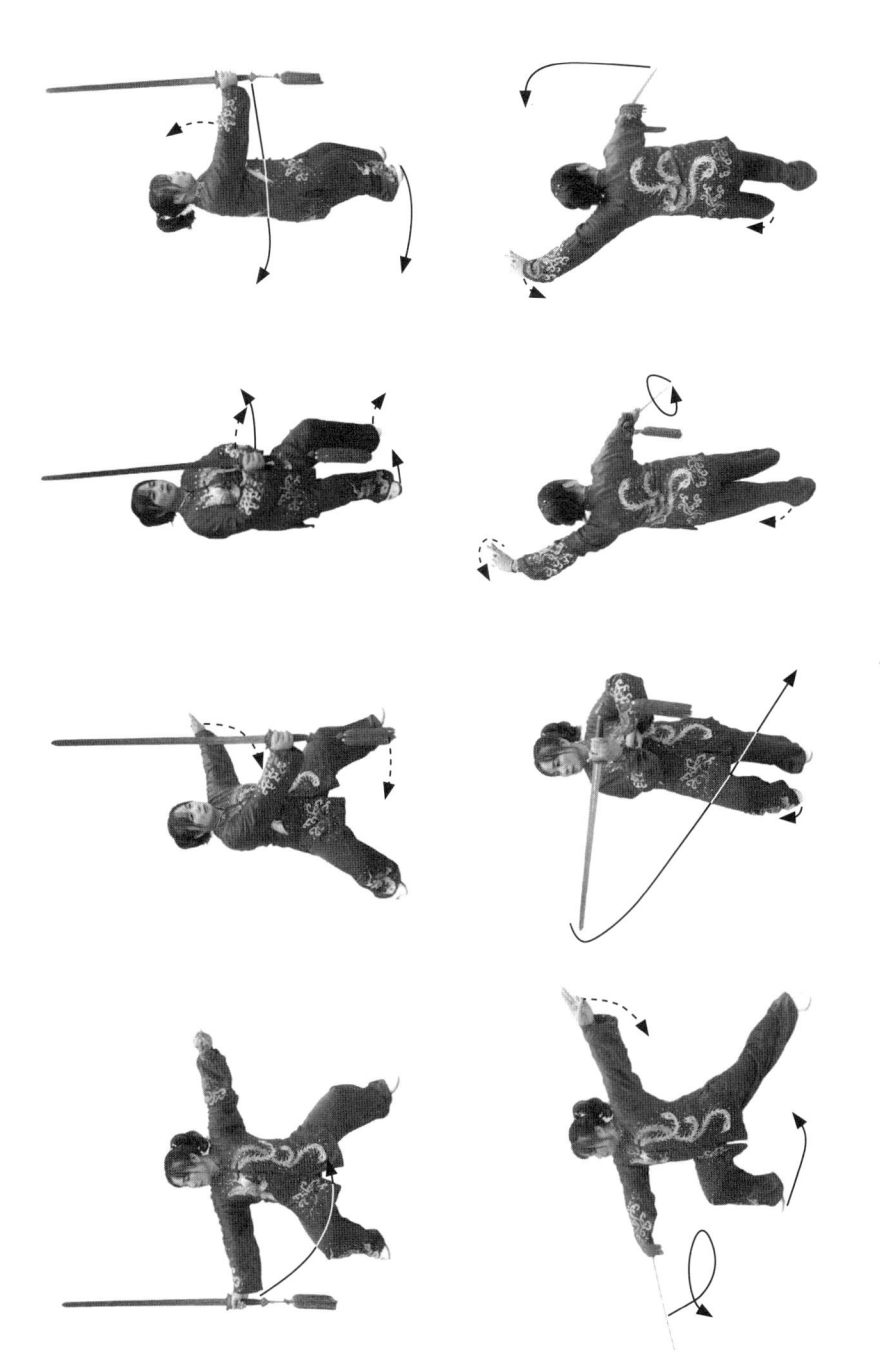

第五章　梅山三十八式太极剑

梅山太极拳

440

第11段

441

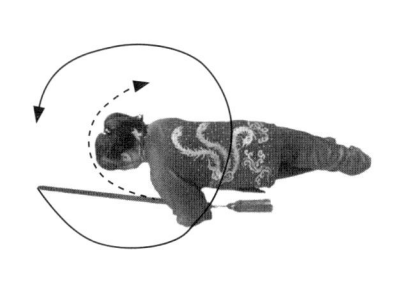

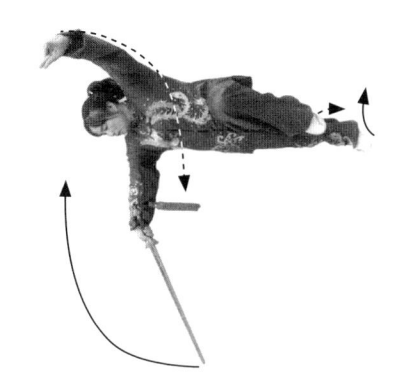

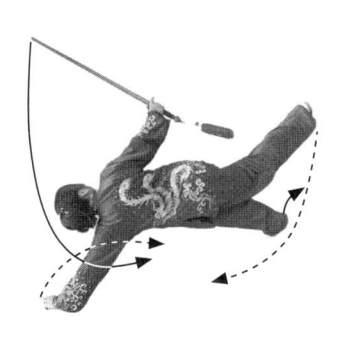

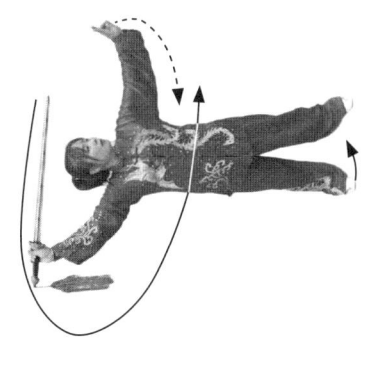

第五章 梅山三十八式太极剑

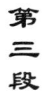

梅山太极拳

442

第三段

第五章 梅山三十八式太极剑

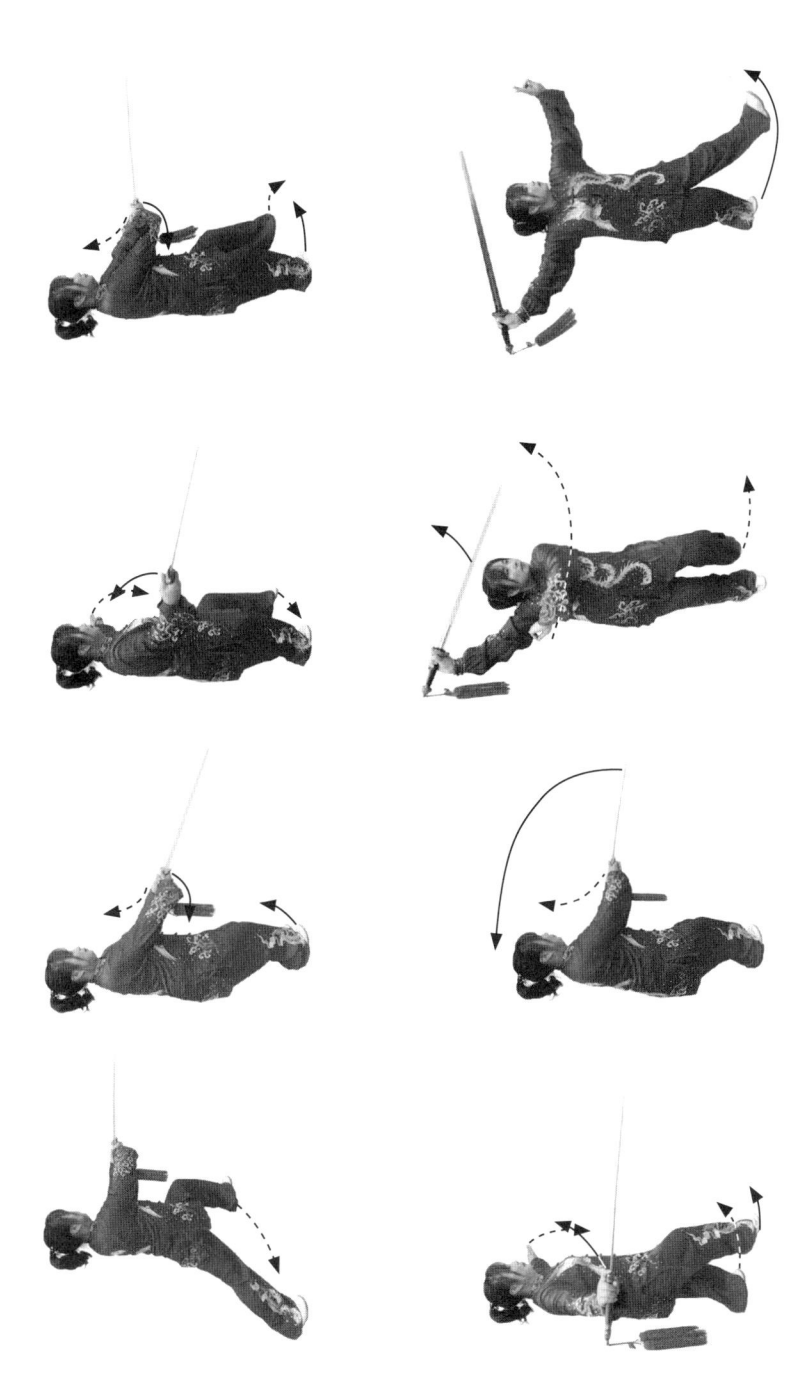

444

梅山太极拳

445

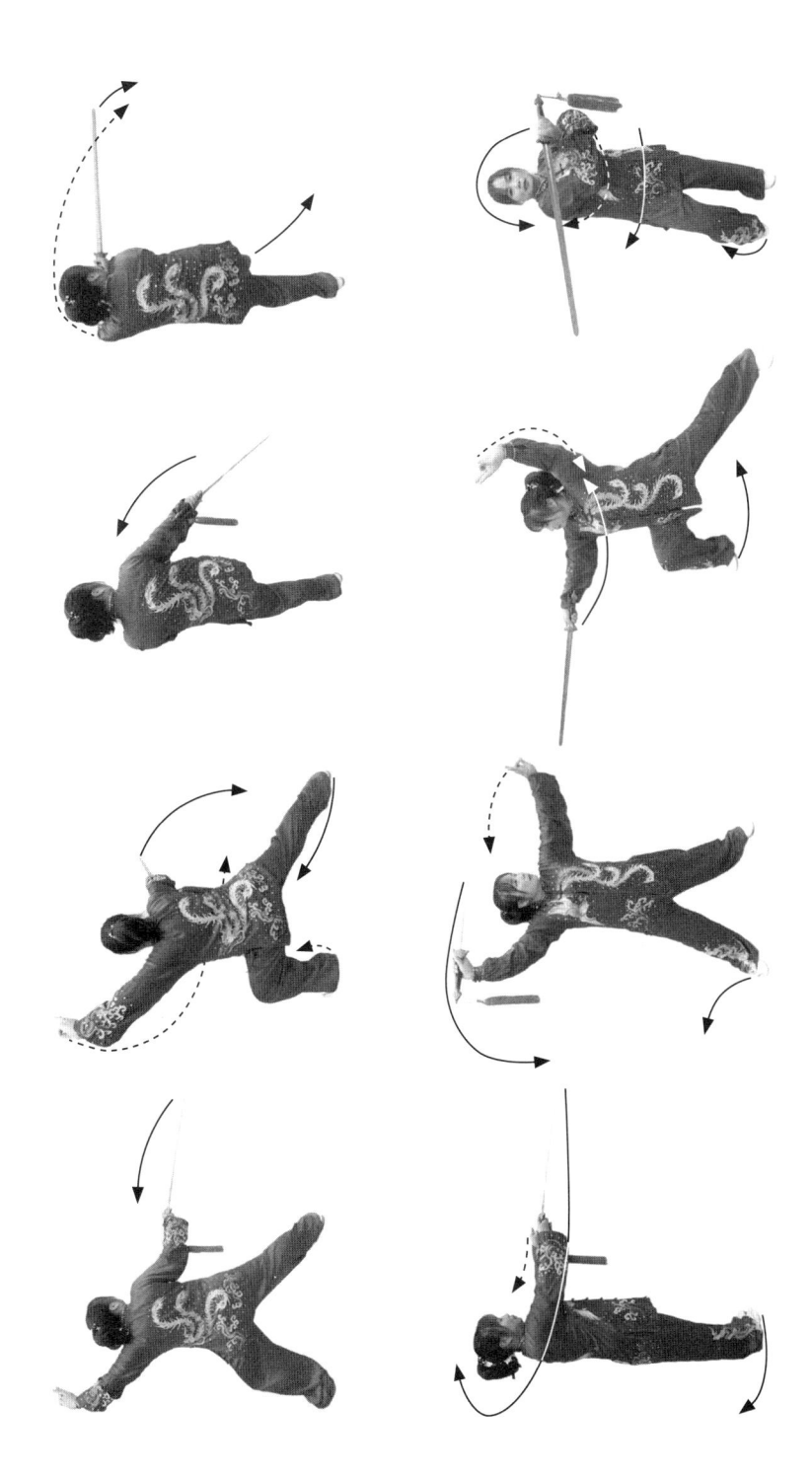

第五章　梅山三十八式太极剑

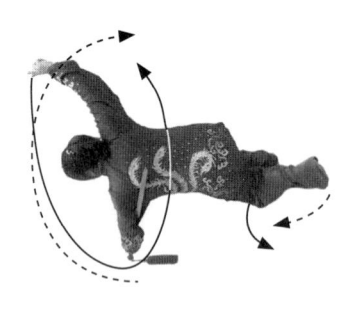

梅山太极拳

446

第五章　梅山三十八式太极剑

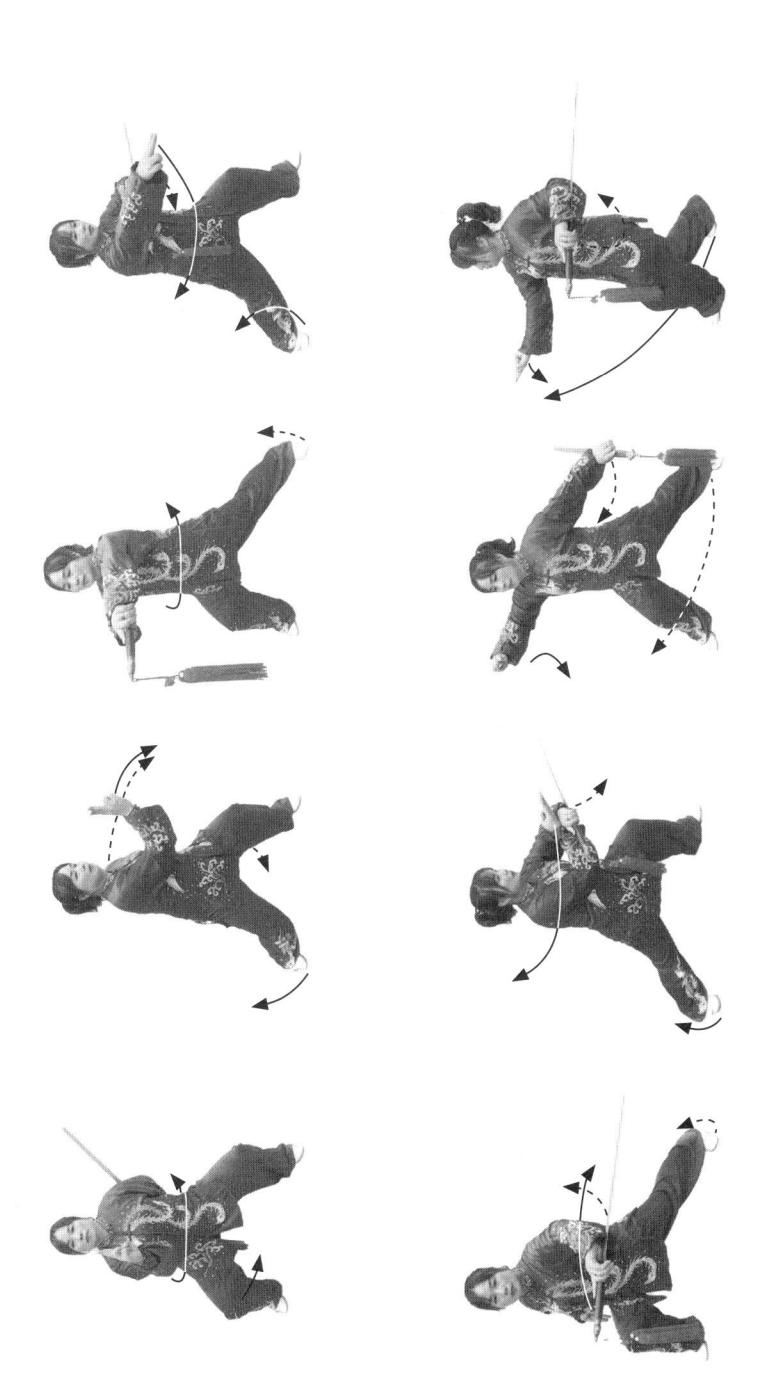

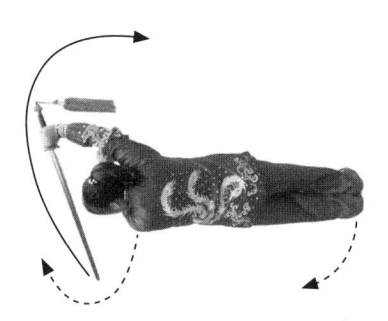

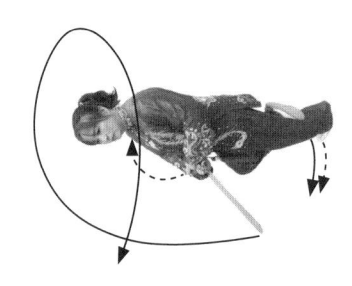

梅山太极拳

448

第五章 梅山三十八式太极剑

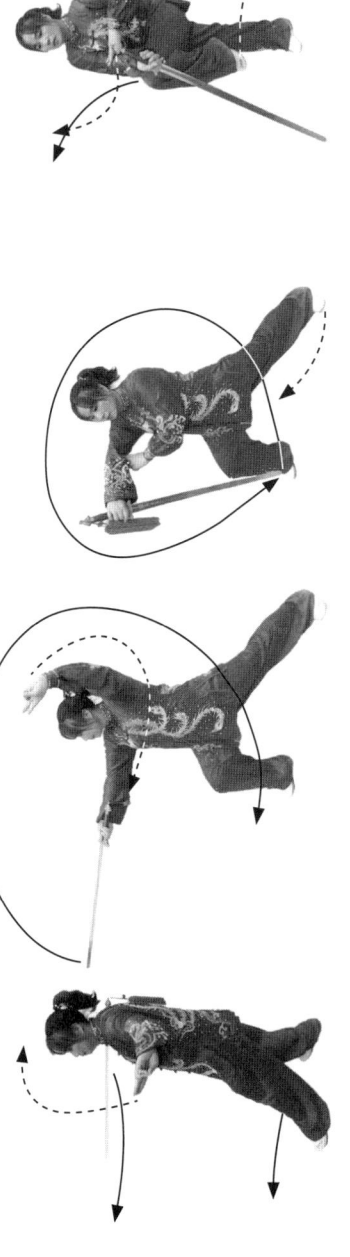

梅山太极拳

450

451

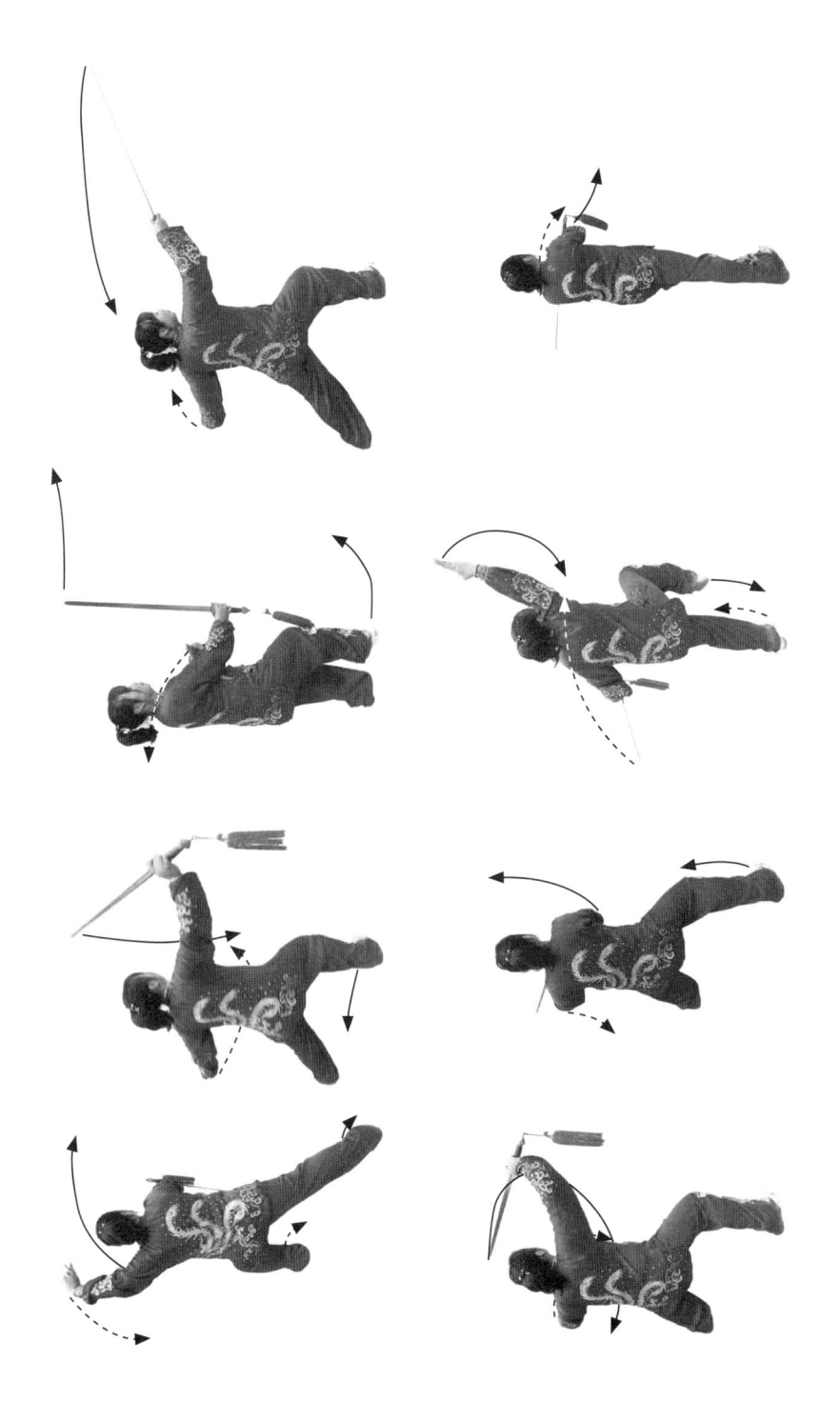

第五章　梅山三十八式太极剑

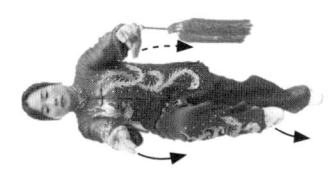

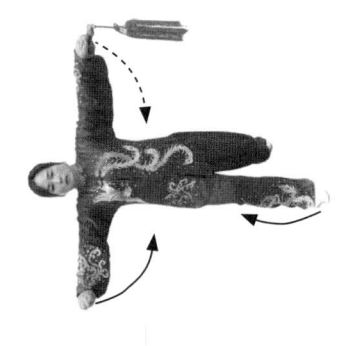

梅山太极拳

452

编委简介

刘志兰，女，汉族，1952年7月生于湖南省新化县。中文专业本科毕业，教师进修学校高级讲师。精通文学、爱好武术。从教四十余年，有丰富的教学教育管理经验。中国武术协会会员，中国武术六段、中国武术一级段位考评员、指导员、国家武术一级裁判。

刘彦昌，男，汉族，1959年8月生于湖南省新化县，中国武术六段，国家武术一级考评员、指导员，一级武术裁判，湖南省武协委员，湖南南北武术文化促进会副会长、新化太极拳协会副会长，新化梅山太极拳协会会长。新化县武术协会副主席常委。

刘俊，男，汉族，1968年8月出生，湖南省新化县人，中共党员，现任中共新化县枫林街道上田社区党支部书记，湖南省武术协会常委，中国武术六段，武术段位考评员、指导员，国家一级武术裁判员，一级社会体育指导员，新化县武术协会副主席常委。湖南省虎拳和梅山太极拳传承人，南北大侠神腿杜心五第四代传承人。

刘小鹏，男，汉族，1965年出生于湖南省新化县。中国武术六段、湖南省武术协会常委、国家武术段位一级考评员、一级社会指导员、南北武术文化促进会副会长。

李新盖，男，汉族，出生于全国著名的武术之乡湖南省新化县，中国传统武术六段、国家一级武术裁判员。新化县南北武术文化促进会副主席。

邬长平，男，汉族，江西省乐平市人，出生于1972年9月。中国武术六段、散打一级裁判、国际援外教练员，乐平市第七届政协委员，江西省武术协会副主席、常委，乐平市武术协会法人，现任江南武术院院长。

邹晖，男，1975年生于湖南新化，中国武术六段、一级武术考评员、指导员、中共党员，毕业于湖南公安专科学校。曾任湖南南北文武学院副院长兼弟子班主教练，带领学员参加全国武术比赛，获得金牌12枚，银牌11枚，铜牌8枚，并获得团体冠军的优异成绩，被评为全国优秀教练和全省体育先进工作者。

吴中林，男，汉族，湖南新化四都人，中共党员。中国武术段位考评员、一级社会武术指导员，国家一级龙狮裁判员、一级武术散打裁判员、中国武术段位六段。2005年参加澳门国际武术比赛获金刚拳第一名，2007年被娄底市教育局、体育局评为全市优秀武术教练员，同时被评为首届湖南武林百杰。

张星星，女，汉族，1970年12月出生，湖南省新化县人，南北武术文化促进会副会长兼办公室主任，白溪武术协会副会长，中国武术六段、中国武术家协会传统武术八段、中国武术段位考评员、一级社会武术指导员，新化县武术协会副主席常委。曾在全国、省、市、县等武术比赛中多次斩金夺银。张星星先后在全国多地武术馆（校）任武术教练。任教期间，为国家培养和输送了不少武术精英，为中华武术事业的发展和传承作出重要贡献。

　　张农益，男，汉族，湖南省新化县人，1963年出生。中国武术七段、一级武术段位考评员、一级武术段位指导员、国家一级武术裁判员。现任新化县太极拳协会副会长、白溪分会会长、新化县传统武术协会常务副会长、白溪武术馆馆长。在2021年湖南省第八届武术套路、散打大赛中荣获传统太极拳第一名、太极剑第二名，所带团队荣获集体拳一等奖。

陈佩强，广东汕头人，中共党员，潮南区政协委员，汕头市潮英实验学校创办人、党支部书记（现更名华强实验学校），潮南区武术运动联合会会长，河南省潮汕商会常务副会长，南北武术文化促进会副会长，汕头市拳击散打协会常务副会长。1992年起开始设馆授徒，是潮汕地区较早公开教拳和创办文武学校的武术开拓者，培养了许多优秀的学生。

罗孝雄，男，汉族，出生于湖南省新化县，中共党员，中国武术六段、中国武术段位考评员、武术段位指导员、湖南省一级拳师、湖南省武林百杰、"梅山印象"董事长、南北武术文化促进会常委。1988—1989年，参加湖南省武术大赛，获60公斤级散打冠军。1989—1990年曾任东方武术馆武术散打总教练。

罗忠财，男，汉族，出生于1974年12月，湖南新化人。自幼习武，1991年10月进入南北武术学院学习，师从著名武术家、亚洲虎拳王邹寿福大师及著名武术家、国家级教练罗文奇。毕业后留校担任散打主教练。中国武术六段、国家一级武术散打裁判、湖南省武术协会常务委员、中国武术段位制一级考评员、社会一级体育指导员、WBC国际裁判、湖南武林百杰人物、新化南北武术文化促进会副会长、湖南省优秀传统武术门派虎拳第一代传承人、《英雄传说》世界职业搏击联盟A裁判员、《英雄传说》湖南赛区"少年英雄"格斗精英大赛裁判长，教练员、格斗精英大赛副总裁判长、裁判长。

周建军，男，汉族，1962年出生于湖南省新化县，中国武术六段、中国传统武术八段、武术段位考评员、武术段位指导员、湖南省武术协会常委、南北武术文化促进会副会长。

杨汉中，男，汉族，1967年4月出生于广东省揭阳市揭东区新亨镇。国际散手道黑带八段、中国武术六段、中国武术裁判员、中国武术段位制咏春拳和二节棍考评员，现为世界武术研究会副会长、中国南北武术文化促进会副会长、广东省武术队南派系列导师、传统拳教练和顾问、揭阳市武协副秘书长、揭阳市龙狮协会副秘书长、揭东区武协副会长。他也被评为"武术工作先进个人"，获得"武林杰出人物奖""医武成就奖"和"杰出青年武术家"称号。

朋亮，男，汉族，安徽太湖人。著名武术大师邹寿福先生入室弟子，湖南省虎拳第一代传承人。中国武术六段、广东省一级武术裁判员、中国武术段位考评员。现任广东省深圳市武术协会党支部书记。2000年参加湖南省武术锦标赛获得三人对练第二名、剑术第五名、自选长拳、棍术第六名，2017创办东莞市崇文尚武武术馆至今，为莞深武术发展作出重要贡献。

袁铁军，男，汉族，湖南省新化县人，先后拜全国著名武术家、中国武术八段邹寿福先生和中国武术九段晏西征先生、中国武术协会副主席张山先生为师。武汉体育学院武术运动训练专业本科毕业。现任湖南省武术协会副主席、新化县梅山传统武术协会执行主席、中国武术七段、中国武术段位制国家级考评员。多次参加国内、国际武术比赛获得梅山武术鹰爪拳冠军。任湖南娄底湘中武术学校校长等职务，从事武术教育教学43年。2012年9月被评为"湖南武林百杰"，2017年3月被评为"全省武术先进个人"。2020年12月，被公布为第六批国家级非遗梅山武术代表性传承人。

高明，男，汉族，中共党员。1979年出生于武术之乡江苏沛县，中国武术协会会员、中国武术六段、中国武术协会段位制考评员、指导员，湖南省武术协会常务委员，南北武术文化促进会常委。湖南以道精武馆总教练。

晏华伦，1961年10月出生于湖南省新化县上梅镇的一个教师世家，现为中国武术六段、中国武术一级裁判员、国家武术一级考评员、湖南省太极拳高级教练、新化县太极拳协会会长。他多次参加县级、市级、省级的太极拳比赛，获得奖牌20余枚。

曾特长，男，汉族，中共党员，1960年7月出生于湖南新化；中国武术协会会员、中国武术六段、中国武术协会段位制考评员、指导员、国家武术一级裁判。曾参加市级、省级、国家级多次比赛，并取得良好成绩。现任娄底市太极拳协会副会长、娄底市健身气功协会副会长、新化县太极拳协会党支部书记、新化县太极拳协会孔子学堂主任、新化县健身气功协会会长、新化县梅山武道馆馆长。

曾坤华，男，汉族，1966年出生于湖南省新化县，现任新化县科头乡中心村支部书记，湖南省武术协会常委。中国武术六段、中国传统武术八段、中国武术段位一级考评员、社会指导员、国家一级裁判员。先后参加县、地、省国家级武术比赛，获得金、银、铜奖牌多枚，2015年、2016年、2017年连续三年参加湖南省武术大赛，获得八极拳冠军、太极拳金牌、2017年香港回归20周年庆典获得武术大赛金牌，2018年在第十五届全国武术比赛中获得八极拳金牌、梅山太极刀银牌。

曾彪，男，汉族，1970年8月出生于湖南省新化县。中国武术六段、中国武术段位一级考评员、一级社会武术指导员、国家一级武术裁判员，辅邦体育文化有限公司董事长，辅邦武道馆馆长兼总教练，湖南武术协会第五届、第六届、第七届常委，中国南北武术文化促进会会长，新化黑虎拳协会特邀主席，新化白溪太极拳协会特邀主席。多次被评为湖南省武术协会先进工作者，并获得省武术协会荣誉勋章和"湖南武林百杰"称号。

曾佑龙，男，汉族，祖籍山东，1971年9月14日出生于湖南新化洋溪镇。自幼习武，师承亚洲虎拳王邹寿福、武术教授贺斌、国学易经大师滕云。现任龙坛武道馆总馆馆长、湖南省中国摔跤协会副会长、省武术协会常务委员、南北武术文化促进会副会长。国家一级武术教练员、一级武术指导员、中国武术六段。

1989年全国强民杯散打比赛冠军；2014年参加香港国际武术节获规定长拳、翻子拳冠军；2017年省武术节八极拳、二十四式太极拳冠军，2019年省武术比赛规定长拳冠军、段位长拳冠军。

谢玖军，男，汉族，湖南冷水江人，师从全国著名武术家邹寿福先生。中国武术六段、国家高级教练员、一级裁判员、中国武术段位指导员、武术段位考评员。湖南省武术协会常务委员，南北武术文化促进会副会长。1989年8月荣获湖南省娄底第二届拳师比赛全能冠军；1990年9月荣获湖南省邵阳"迎亚运"武术比赛全能冠军；1990年11月荣获湖南省第五届"强民杯"散打（武术）擂台赛南拳冠军；1993年8月获湖南省武术比赛传统套路第一名、长器械第一名、1999年3月创办广西河池双龙武术馆任馆长兼总教练，2017年创办湖南冷水江梅山讲武堂兼任总教练，并兼任广西南宁市钧剑武道俱乐部总教练。

谭麟，男，汉族，1976年7月出生于全国武术之乡湖南新化孟公镇小门村，中国武术六段、中国武术段位一级考评员、指导员、湖南省武术协会常务副主席。

1994年荣获"全国南北少林杯"武术比赛"地躺拳"冠军。多次被评为年度教育先进工作者，优秀教师。2004—2008年创办沙井艺术教育武术培训中心，并多次参赛获奖。2015年当选为南北武术文化促进会副会长。2018年12月被评为"改革开放40年湖南武林百杰人物"。2019年6月担任湖南省首届武术节仲裁副主任。2020年11月13日担任湖南省第七届武术大赛仲裁主任。

鄢茂阳，男，汉族，1984年出生于湖南省新化县，从小酷爱武术，师从著名武术家邹寿福先生，现今从事中学体育教学工作。中国武术六段、一级武术段位考评员、武术段位指导员。从事教育工作12年，担任武术馆校总教练5年，在各级、各类武术比赛中取得优异成绩。2017年澳门国际武术节通臂拳第一名、八极拳第一名；2017年东亚武术交流大赛通臂拳第一名、三节棍第一名；2017年广东省佛山三水优秀跆拳道教练。

参考文献

1. 康戈武. 中国武术大全［M］. 北京：中华书局出版社，2015.
2. 国家体育总局武术研究院. 杨式太极拳：中国武术段位制系列教程［M］. 北京：高等教育出版社，2009.
3. 冯志强. 陈氏太极拳入门［M］. 北京：人民体育出版社，1999.
4. 张山. 武林春秋［M］. 北京：人民体育出版社，2012.